디지털시대 직장인을 위한 인문학

일의 품격

일의

디지털시대 직장인을 위한 인문학

품격

이동양 지음

CONTENTS

CHAPTER 1

'일'은 무엇인가

01

우리에게 일이란

뙤약볕 아래에서 벽돌을 쌓고 있는 벽돌공 세 명에게 행인이 묻습니다. "지금 무슨 일을 하고 있습니까?" 첫 번째 벽돌공은 이렇게 대답합니다. "보면 몰라요? 벽돌 쌓잖아요." 두 번째 벽돌공은 이렇게 대답합니다. "돈 벌고 있습니다." 세 번째 벽돌공의 답은 좀 달랐습니다. "저는 지금 아름다운 성당을 짓고 있습니다." 만약 당신이 같은 질문을 받았다면 뭐라고 대답했을까요?

당신에게 일은 무엇입니까? 힘든 노동? 생계 수단? 삶의 의미와 보람을 주는 무엇? 일의 의미는 인류 역사와 함께 변해왔습니다. 중세 시대 '일'을 의미하는 단어는 아르바이트Arbeit . 계급 체계가 분명했던 중세 시대 평민에게 일이란 그저 괴롭고 싫은 것이었습니다. 하지만 마틴 루터, 칼 뱅 등 종교개혁가들에 의해 '일의 개념'에 변화가 생깁니다. "사람이 암소 젖을 짤 때 하나님을 생각하며 열심히 짠다면 그것 역시 거룩한 일이다."^{마틴 루터} 이렇게 '일이란 곧 소명_{Beruf}'이란 개념이 생기면서 일은 더 이상 고역이 아닌 소명으로 인식되기 시작했습니다. 나아가 '일 = 천직'이라는 생각이 확산되어 각 분야에 장인과 전문가가 등장했고, 이것이 일에 '보람과 가치'를 담는 근대적 직업관의 시작이 되었습니다. 현대 사회에서 일은 즐거움을 추구하는 과정으로 여겨지기도 합니다. "나는 평생 단 하루도 일한 적이 없다. 늘 재미있게 놀았다."^{토마스 에디슨} "어떤 분야에서건 성공하고 싶다면 일을 놀이처럼 하고, 놀이를 일처럼 하라."^{알버트 아인슈타인}

사람에게 일이란 고된 노동이거나 소명, 또는 나를 즐겁게 해주는 무언가입니다. 하루 대부분의 시간을 일터에서 보내는 사람들…. 그중 한 사람인 당신에게 묻습니다. 당신에게 일은 무엇입니까?

— 삼성그룹 디지털 사내외보 《삼성앤유 프리미엄》 2015. 1. 18 내용에서 발췌

《한국직업사전》에 수록된 우리나라 직업의 수는 2011년 기준 11,665개라고 한다. 일본은 같은 해를 기준으로 17,209개, 미국은 2010년 기준 3만 개가 넘는다고 한다.* 다양한 직종 중 한 분야에서

---

* 『직업사전 비교를 통한 국내외 직업구조분석 — 한·미·일 3국을 중심으로』(한국고용정보원, 59쪽)

일하는 사람들에게 일은 무엇인가? 무엇이어야 하는가?

　21세기를 사는 사람들에게 일은 더 이상 고된 노동이 아니다. 노동이 의식주와 생존을 위한 유일한 수단이던 시대에는 일이 피할 수 없는 노동이고, 소명이었을 것이다. 하지만 기계가 힘든 노동을 대신하고, 인공지능이 일상생활 속으로 들어오고 있는 시대를 살아가는 우리에게는 더 이상 그렇지 않다. 일한다는 것은 매일 뜨고 지는 해처럼, 세상과 삶을 구성하고 굴러가게 하는 그 무엇이다. 현대인에게 일이란 노동이자 소명이며, 동시에 놀이이기도 한, 삶 자체인 것이다. '일'이라는 단어에 각자가 부여하는 의미 때문에 어떤 사람은 돈을 벌기 위한 것이라 하고 어떤 사람은 자아실현을 위한 것이라고 한다. 그러나 어떤 의미 부여도, 어떤 정의도, 일한다는 것의 본질을 설명하지는 못한다. 왜 일하지 않고는 살 수 없는지 설명하는 것이 쉽지 않지만 우리는 모두 안다. 인간은 일하지 않고 살 수 있는 존재가 아니다. 일은 설명하고 정의할 수 있는 것이 아니라, 삶의 한 부분인 것이다. 그래서 일하며 살아가는 것을 자연스럽고 당연하게 받아들이는 사람에게 일이란, 그것이 무엇인지 질문하고 답을 얻으려는 대상이 아니라 삶을 구성하고 만들어가는 것이며, 일상이다.

　일상은 그저 흘러가는 것이라고 생각하기가 쉽다. 그러나 일상은 그보다 진정 위대하고 크다. 우리 삶이 그러하듯, 훗날 성취할 모든 것들이 쌓여가는 현장이기 때문이다. 작은 씨앗이 긴 시간 인내한 후에 싹을 틔우고, 어디에나, 누구에게나 비추는 햇빛을 받으며 조금씩 성장하여 큰 나무가 되듯, 일상도 마냥 흘러가는 것처럼 보이지만 실상은 우리를 키우고 튼튼하게 만든다. 일상 없이 이룰 수 있는 것은 없으며, 일 없는 일상도 없다. 수많은 직업들이 엮여 돌아가는 사회에서, 우리 모두는 각자의 자리에서 각자의 일을 하며 일상을 산다. 일상을 사는 사람은 수용하는 삶을 산다. 매 순간 변화하는 세상 속에서 변화에 맞추거나 스스로 변화하며 산다. 귀찮고 하기 싫은 일도 한다. 하고 싶은 것도 하지만 해야 하는 일도 한다. 때로는 수용하고 때로는 변화할 수도 있어야 한다. 좋아하고 잘 하는 일도 하지만, 하기 싫고 어려운 일도 해야 한다.

"일한다는 것은 무엇인가" 하고 물을 때 "일상"이라고 대답할 수 있는 사람은 느리지 않으면서 느리게 사는 사람이다. 멈추어 있지 않지만, 멈춘 순간에 보이는 것들을 보면서 사는 사람이다. 일상을 사는 사람에게는 일과 함께 굴러가는 삶이 보이고, 분주함 속에 자리한 여유가 보인다. 그런 사람에게 일터는 삶과 함께하는 관계, 에너지, 행복이 있는 현장이다. 일하는 우리 모두는 그 현장에서 일과 함께하는 일상을 살아간다.

대학 졸업 후 시작한 나의 출퇴근 생활은 즐거웠다. 매순간 그랬다고 할 수는 없지만, 내 의식이 한마디로 요약하자면 그러하다. 출근해서 함께하는 사람들이 좋았고, 새로운 것을 배우며 일하는 게 즐거웠다. 바쁜 직장생활 사이사이에 짬을 내어 만나는 친구들이 반가웠고,

명절이나 휴가 때 가족들과 함께하는 시간이 즐거웠다. 이 모든 것의 기반이 되어준 직장생활이 즐거웠다. 그러나 내가 이런 말을 하면 동의하는 사람은 많지 않다.

매일매일 출근해서 일하고 퇴근하는 일상을 반복하는데, 그게 재미없다면 삶이 재미없다는 뜻이 아닌가? 왜 많은 사람들이 출근하고 일하는 것을 재미없어 할까? 일이 힘들어서, 상사나 동료들과 잘 어울리지 못해서, 급여가 적어서, 근무 환경이 나빠서 등등 이유야 다양할 것이다. 그런데 혹시 진짜 이유는 이런 것들이 아니라, 일을 하기 싫은 것, 억지로 해야 하는 것으로 고착화시켜놓고 보기 때문은 아닐까?

여러 사람들이 함께 일하는 직장생활에서 개인은 그중 한 명일 뿐이다. 따라서 특별한 사람만 좋은 상사, 좋은 동료, 좋은 후배와 일하는 것은 분명히 아니다. 급여도 마찬가지고, 환경도 그렇다. 특별한 몇몇만 힘들지 않고 재밌는 일을 하는 것도 아니다. 그런데도 어떤 사람의 직장생활은 즐겁고, 어떤 사람은 마지못해 억지로 하는 것처럼 보인다. 그러나 직장생활은 마냥 즐거운 것도, 마지못해 억지로 해야 하는 것도 아닌, 누구라도 항상 즐겁고 행복하기를 희망하는 일상이다.

일하기를 좋아하는 사람은 없다. 하지만 일하지 않고 사는 사람도 없다. 일이 돈만을 위한 거라면, 돈이 많은 사람은 일을 하지 않아야 할 것이다. 그러나 돈이 많은 사람도 일하려고 한다. 먹고살기 위해서, 아이들 교육을 위해서 일한다고도 하지만 꼭 그뿐만은 아니다. 자신을 발견하기 위해서, 자아실현을 위해서 일하기도 한다. 돈을 벌기 위해서든, 소일거리 혹은 봉사활동이든, 사람은 모두가 무언가를 하며 산다. 좋아한다고 말하는 사람은 하나도 없는 '일'이지만, 모두가 그렇게 일하며 사는 것이다.

아침이면 모두
어딘가일터로 향하는 것이 삶이다

━

　　　매일매일 반복되어 무관심하게 흘려보내는 아침은 우리 모두를 살아가게 하는 힘이다. 다양한 사람들이 저마다의 표정으로, 저마다의 걸음걸이로, 저마다의 하루를 향해 걸어가는 출근길이 우리가 살아가는 모습이다. 정장을 한 사람, 간편한 차림을 한 사람, 천천히 걷는 사람, 종종걸음을 걷는 사람, 서류 가방을 든 사람, 책가방을 멘 사람, 아무것도 들지 않은 사람… 각양각색으로 우리는 삶의 현장으로 움직이며 하루를 시작한다. 삶이 무엇인지 생각하는 사람, 오늘 출근해서 무엇을 해야 할까 생각하는 사람, 취업 걱정하는 사람, 아니면 아무 생각 없는 사람…. 무슨 생각을 하는 사람이건 일상을 시작하고 있는 것이며, 내일 다시 반복한다. 이렇게 일상을 반복하는 것이 삶이고 일이다. 어떤 날 아침은 즐겁게, 어떤 날 아침은 우울하게, 어떤 날 아침은 가슴 설레는 기다림으로, 어떤 날 아침은 오지 않았으면 하는 걱정을 가지고, 그렇게 반복되는 일상을 살아간다.

우리가 희망하는 삶에 대한 의지와 가치가 그 일상에 있다. 고민하는 인생과 번뇌 역시 마찬가지다. 행복도, 불행도, 반복되는 일상 속 어딘가에 있다. 무엇을 바라고 무엇을 이루며 살아가든 모든 것이 그 일상 속에 있다. 섬에 혼자 사는 사람도, 복잡한 도시의 고층 아파트에 사는 사람도, 뜨고 지는 해와 함께하는 일상 속에서 산다. 내가 먹는 음식, 입는 옷, 향하는 곳, 만나는 사람, 하는 일, 사용하는 언어, 나를 둘러싼 모든 것이 반복되는 그 일상 속에 있다.

반복되는 일상 없이, 일상이 아닌 것들만으로 채워지는 삶은 없다. 일상이 있기 때문에 우리는 아침을 기다릴 수 있다. 일상이 있으니 일상적이지 않은 일을 할 수 있으며, 일상이 있어서 중요한 것에 집중할 수 있다. 일상이 있으니 고민할 수 있고, 일상이 있어서 가끔씩 친구들과 즐거운 시간을 보낼 수 있다. 일상이 있어서 지루한 하루가 될 뻔한 매일매일을 무언가를 하며 보낼 수 있다. 일상이 있어서 사랑하는 누군가를 더 그리워할 수 있다. 일상이 있으니 새로운 무엇인가가 있다. 일상이 있어서 잊어버리는 것이 있다. 일상이 있어서 뭔가를 이루어낼 수 있다. 그렇게 일상을 사는 것이 삶이며, 일은 그런 일상이 일상이 되게 한다. 일이 있으므로 일상이 있는 것이다.

일은 우리 모두가
소망하는 행복의 기반이다

━━━

맹자께서 말씀하셨다. "항산恒産, 안정된 생업이 있는 자는 항심恒心, 항상스러운 도덕적 마음이 있으나, 항산이 없는 자는 항심 또한 없습니다. 항심이 없게 되면 방탕해지고 편벽해지고 사악해지고 사치스럽게 되어 못하는 짓이 없게 됩니다."

– 『맹자 사람의 길』 도올 김용옥 지음, 통나무, 2012 313쪽

　　등나라 문공이 맹자에게 나라 다스리는 법에 관해 질문했을 때 맹자가 대답한 내용 중 일부이다. 맹자는 나라를 잘 다스릴 수 있는 세법을 설명하기 전에 항산의 중요성을 먼저 이야기했다. 사람은 근본적으로 항산이 있어야 한다는 본질을 이야기한 것이다. 일을 한다는 것은, 단순히 생업을 유지한다는 데 그치지 않고 정신세계를 포함한 삶 전체에 영향을 미치기 때문이다. 물론 세금을 공평하게 잘 걷어서 나라를 다스리는 방법도 있다. 하지만 세금을 잘 걷기보다, 백성들이 일하는 일상을 가지는 것이 더 중요하다는 게 맹자의 말이다. 맹자는 「양혜왕」 상 편에서도 동일한 이야기를 했다. 제선왕이 맹자에게 인정仁政을 행할 방법을 묻자 맹자는 항산이 없으면 항심이 없어지고, 그렇게 되면 방탕, 간사, 사악, 나쁜 짓을 무엇이든 하게 된다고 말했다. 그렇기 때문에

군주는 백성들이 항산을 가질 수 있도록 보살펴야 한다고 이야기했다.

현대인에게 항산은 먹을 것을 생산하기 위한 육체적 노동이고, 잠 잘 집을 짓는 것이며, 육체를 보호할 옷을 만드는 것이고, 세상살이를 배우는 공부이며, 사회 공동체를 위한 공익 활동이며, 보살핌이 필요한 곳으로 가는 사랑이며, 환자를 치료하는 의술 활동이며, 맛있는 식사를 위한 요리이기도 하다. 살아 있다는 것은 깨어 있는 동안 무엇인가를 한다는 것이다. 일은 의식주를 해결해주는 기본 수단이지만, 동시에 자신을 존재하게 하는 것이며 어느 누구도 외면할 수 없는 자신을 찾고 깨달아가는 광장이다. 부유하건 아니건, 일하지 않는 삶은 황폐해진다는 것은 가르침이 없어도 누구나 느끼고 깨닫게 된다.

공자는 또한 이렇게 말씀하셨다. "배부르게 먹고 하루 종일 마음 쓰는 데가 없다면 곤란하도다! 장기나 바둑이라도 있지 않은가? 그런 것이라도 하는 것이 그래도 하지 않는 것보다는 낫다."

– 『논어』 공자 지음, 김형찬 옮김, 홍익출판사, 2016 「양화」편 196쪽

인간은 불확실한 미래 때문에 불안해한다. 그러면서 동시에 불확실한 미래 때문에 현재를 열심히 산다. 태어나서 어느 정도 성장할 때까지는 미래에 대한 걱정도 없다. 그래서 먼 미래를 준비하기보다는 당장 하고 싶은 일에 끌린다. 초등학교, 중학교를 거치면서 자아가 형성되지만 여전히 부모와 사회의 보살핌이 있고, 학교라는 일상이 있다.

그러나 이 과정이 끝나면 더 이상 주어지는 일상은 없다. 스스로 살아가야 하는 사회로 나오게 된다. 미래의 자신을 고민하기도 하지만, 당장 오늘 무엇을 하며 시간을 보내야 할지에 대한 고민이 더 가까이 있다. 언제든지 만나서 같이 놀 것 같던 친구들도 직장을 구해서 출근을 하고, 결혼을 하고, 각자 새로운 일상을 만든다. 학생 시절에는 주어진 일상생활이 있었지만, 졸업 후에는 스스로 만들어야 한다. 사회생활이 시작되고, 직장을 가진다는 것은 주어졌던 일상이 없어지고, 스스로 만들어가는 일상이 새롭게 생기는 것이다. 일하는 일상을 통해 새로운 관계를 만들고, 매일매일 무언가 배우고 변화하며 살아가는 것이다.

　현대 사회에서 대부분의 사람들은 어떤 형태든 조직의 구성원으로서 일상을 가진다. 일상은 지루하게 반복되는 것 같지만, 매 순간이 과거의 어떤 순간과도 같지 않은 새로운 순간이다. 그 안에서 창조적인 아이디어가 나오고, 지루하게 반복되는 일상을 통해서 그것을 실현해 간다. 그렇게 미래가 만들어진다. 직장인들 모두 비슷해 보이는 일상과 목표 아래서 생활하는 듯 보이지만, 각자 품고 있는 최고선^{행복}의 목표에 따라 다른 일상을 산다. 스스로 곰곰이 돌아보라. 나는 어떤 생각과 가치, 어떤 삶을 위해 매일 출근하고, 어떤 마음으로 일하고 있는가? 사장을 위해 출근하고 일하는 사람은 없다. 고객을 위해 출근하고 일하는 사람도 없다. 다들 자기 자신을 위해 출근하고 일한다. 승진해서 임원이 되고, 더 많은 보수를 받게 되기를 희망하지만, 그것이 삶의 목표는 아니다. 일을 통해, 과정을 통해 각자에게 주어진 행복의 길을 만들어가는 것이다.

행복을 연구하는 학자들에 따르면 사람은 여행, 걷기, 말하기, 먹기 등에서 행복을 많이 경험한다고 한다. 우리 모두가 그런 행복한 순간을 많이 경험하기를 바라고, 또 행복하고 싶으면 그런 경험을 많이 해야 한다. 하지만 그렇다고 해서 여행만 하며 살 수는 없다. 말하기, 먹기만 하며 살 수도 없다. 이런 것들이 행복하게 느껴지는 것은 일상이 있기 때문이다. 일상으로부터 잠시 벗어나는 행위이기 때문이다. 내가 오늘 일을 하고 있는 것은, 그 일이 무엇이든 행복이 될 수 있게 해주는, 내 삶에 가장 중요한 일상을 주는 것이다. 우리 모두가 희망하는 행복은 그 일상 속에서 함께한다.

지금 일터로 향하는 길에 있는 당신, 일상을 반복하며 살고 있는 당신, 그 일이 있음에 감사하며 익숙한 하루를 무심하게 시작하라. 일하는 것이 때로는 지루하고, 때로는 즐겁고, 때로는 힘들고, 때로는 의욕으로 넘치며, 때로는 좌절하고, 때로는 성취감에 넘치며, 때로는 그만두고 싶고, 때로는 흥분으로 들뜨게 만들기도 하는, 세상사 모든 것들이 섞여서 돌아가는 혼란스러운 쳇바퀴 같지만, 그 일 속에서 우리 모두는 스치며 지나가는 행복을 느끼며 살아간다. 반복되는 일상이 있어서 여행이라는 떠남이 있고, 누군가와 이야기하고, 누군가를 만나며 살아간다. 그렇게 사는 것이 자연스럽고 건강한 삶이다. 그 삶을 행복하다고 느끼거나 불행하다고 느끼는 것은 각자의 몫이다. 누구나 이렇게 반복된 일상을 살아가는데 누구는 행복해하고 누구는 불행해한다.

02

군자불기 君子不器

/

자신에게 맞는 일을 찾으라고들 한다. 현재 하는 일을 찾기까지도 여정이 길었건만, 다시 맞는 일을 찾으라고 한다. 새로운 일을 찾는다 쳐도 그것이 자신에게 맞는지 아닌지 언제 어떻게 알 수 있을까? 대개 일은 큰 문제가 아니다. 오히려 자신이 문제이고, 사람이 문제이며, 관계가 문제다. 일 자체는 어떤 것이든 상황이 주어지면 하게 된다. 땅을 파는 일이든, 요리든, 보고서를 쓰는 일이든, 복잡한 설계든, 지금 그 일을 하는 자리까지 왔다면 일 자체는 문제가 아니다. 물론 아무리 노력해도 일이 적성에 맞지 않아 극복할 수 없는 특수한 경우도 있다. 그러나 대부분의 경우 성격이나 적성 때문에 일을 못하지는 않는다. 그랬다면 지금 자리까지 가지도 못했을 것이다. 자신에게 맞는 일이 따로 있어서 그것을 찾을 수 있으면 좋겠지만, 혼자 하는 일이라곤 거의 없는 현대 사회에서, 하물며 사람과의 관계 속에서 발생하는 것들을 경험하지 않고 자신에게 맞는 일을 찾기란 불가능에 가깝다.

사람들의 타고난 재능 차이는 실제로는 우리가 느끼는 것보다 훨씬 작으며, 성인이 되었을 때 여러 가지 직업의 사람들을 구별짓는 듯이 보이는 자질상의 큰 차이도 분업의 원인이기보다는 오히려 결과인 경우가 많다.

– 『국부론』 애덤 스미스 지음, 유인호 옮김, 동서문화사, 2016 28쪽

"SBS 스페셜—요즘 젊은 것들의 사표2016. 9. 11"에서는 대기업 신입사원들이 입사 초기에 사표를 내는 이유를 취재했다. 대답 중에는 "남들에게 보여주기 위한 삶 같다. 더 나이 들기 전에 사표를 내고 꿈을 찾아가고 싶다"는 이유가 있었다고 한다. 이 외에 "경직된 조직문화, 이유 없는 야근, 밤늦게까지 이어지는 회식, 끝없는 진로 고민" 등이 있었다. 모두 일과 관련되어 있지만, 일 자체는 아니다. 일이 꿈을 이루기 위한 방법 중 한 부분이라고 하면서도, 어떤 일이어야 꿈을 이룰 수 있다고 이야기하는 사람은 없었다. 대기업에서 일한다는 것은 극도로 분업화된 환경에서 어쩌면 아주 작은 부분에 발을 딛고 있는 것일 수도 있다. 조직의 규모가 클수록 개인이 담당하는 영역은 좁다. 신입사원이라면 더 심할 것이다. 그러나 현대 사회 대부분의 구성원들은 그 분업화된

일에서 배우고, 경험을 쌓아서 전문가가 되고, 그렇게 영역을 넓혀가면서 성장하고 발전한다. 경험은 지식 위에 있고, 꿈은 하루아침에 이루어지지 않는다. 경험과 반복된 노력 없이 이룰 수 있는 것은 없다.

위에 언급한 방송 후에 이와 관련하여 다양한 관점의 신문 기사들이 나왔다. 어떤 기사는 "남들이 부러워하는 회사, 대기업, 공짜 점심, 풍부한 복지, 이런 것들을 다 누리는데 왜 나는 행복하지 않을까"라고 반문했다. 직장생활을 하며 꾸는 꿈은 무엇이고 직장생활의 어떤 것이 행복을 가져다줄까? 아무도 대답해주지 못한다. 자신에게 맞는 일이 있는지 없는지도 알지 못한다. 퇴사를 결심한다면 최소한 스스로의 마음속에는 이유가 분명해야 한다. 나에게 맞는 일은 무엇이고, 지금 하는 일은 무엇인가? 나는 무엇을 위해 퇴사하고자 하는가? 그리고 나와 맞는 일을 정확하게 정의할 수 있어야 한다. 막연해서는 안 된다. 만일 막연하다면, 그 이유는 자기 정당화밖에 되지 않는다. 스스로 퇴사의 이유를 구체적으로 정리할 수 없다면 기존에 하고 있는 일을 다시 돌아보아야 할 수도 있다. 조금 다른 관점에서 보면 스스로 더 행복하게 일할 방법을 찾을 수도 있다.

퇴사가 나쁘다는 게 아니다. 많은 사람들이 퇴사하고 새로운 일을 찾는다. 거의 모든 직장인들이 한 번쯤은 퇴사를 생각해보았을 것이다. 그런데 중요한 것은 퇴사할지 말지가 아니라, 스스로 어떤 생각으로 일과 직장을 바라보고 어떤 꿈을 찾고자 하는지가 분명해야 한다는 것이다. 살아가자면 일과 수입이 반드시 필요하긴 하지만 그렇다고 돈과 명예가 전부는 아니다. 그런 것들은 수단에 지나지 않는다. 우리가 삶을 통해서 꿈꾸는 것은 좀 더 높은 곳에 있다.

태재가 자공에게 물었다. "선생님께서는 성인이신가? 어찌 그렇게 다재다능하신가?" 자공이 말했다. "본래 하늘이 그분을 큰 성인으로 삼고자 하였으므로, 또한 다재다능하신 것입니다." 공자께서 이를 듣고 말씀하셨다. "태재가 나를 아는가? 나는 젊었을 때 천하게 살았기 때문에 비천한 일에 여러 가지로 능한 것이다."

– 『논어』 「자한」편 106쪽

잡코리아의 자료를 인용한 「조선일보」 기사 2016. 7. 19 에 따르면, 직장인의 94.5%가 퇴사 충동을 느낀 적이 있다고 대답했다. 이 결과가 직장생활을 부정적으로 묘사하는 걸로 보일 수 있다. 그러나 달리 볼 수도 있다. 94.5%의 직장인이 퇴사 충동을 느낀 적이 있다는 것은, 이것이 거의 모든 직장인의 일상적인 이야기라는 뜻이다. 퇴사 충동 외에 더 우울한 일도 많다. 퇴사 충동은 특별하지 않다. 일상이다. 힘들 때도 있고, 즐거울 때도 있는 직장생활의 일부이다. 퇴사 충동이 없다면 그게 오히려 이상하다. 퇴사 충동의 다양한 이유들은 우리가 살아가는 일상의 이야기와 다르지 않다. 일에서 느끼는 다양한 감정은 삶의 과정에서 일어나는 것이지, 직장생활에서만 일어나는 것이 아니다. 직장생활은, 거기에 해야 할 일이 있고, 그 일에 자신의 일상이 있고,

사회활동의 기본이 있는 현실이다. 매일 출근하고 일하고 보수를 받아서 생활하는 현대인의 삶은, 매일 아침 일어나면 농사를 짓던 이전 시대의 사람들과 동일하게, 모든 사람들에게 주어진 일상이다.

개인의 삶은 누가 결정하는가? 어떤 이유로 어떤 선택을 하든, 결국 각자 자신이 결정한다. 돈을 벌기 위해 열심히 일한다면 그것은 개인의 선택이다. 남과 비교당하기 싫어서 조용히 숨어 산다면 그것 또한 개인의 선택이다. 모두가 부러워하는 일을 찾아 나서는 것 또한 마찬가지다. 사회의 보이지 않는 힘, 분위기에 밀려서 결정하더라도 결국 개인의 결정이다. 떠나도 좋고, 사표를 던져도 좋다. 그러나 그것으로 끝이 아니다. 며칠이 몇 달이 될지 모르지만, 시간이 지나면 다시 무언가를 시작해야 한다. 현재가 싫어서 새로운 선택을 하든, 무작정 떠나서 새로운 것을 맞이하든, 결국 다시 무언가를 하게 된다.

요·순 시절의 명신하로서 치수를 담당한 우와 농경을 담당한 후직은 태평한 치세를 살았지만, 자신이 맡은 바 직무에 충실하여 일만 열심히 했기 때문에 아내와 자식이 기다리고 있는 자기 집 앞을 세 번이나 지나치게 되었지만 결코 대문을 열고 들어가질 않았다. 공자는 이들을 현賢하다고 평가하였다. 안자는 난세亂世 속에서 살면서 누추한 동네에 살았고 한 소쿠리의 밥, 한 표주박의 물로써 만족하였다. 보통사람이라면 감내하기 어려운 고로苦勞를 안자는 오히려 변함없이 낙樂으로 삼았다. 그래서 공자는 그를 현賢하다고 평가하였다. 맹자께서 이러한 문제에 관하여 평론하시었다. '우와 후직과 안회는 얼핏 보면 각기 자기의 다른 삶이 있는 것처럼 보이지만 실제로는 하나의 길을 같이 걸어가고 있다同道. 우는 직책상 치수를 담당했기 때문에 천하에 한 사람이라도 물에 빠지는 사람이 있으면 자기가 물에 빠져 허우적거리는 것처럼 느꼈다. 후직은 직책상 농경을 담당했기 때문에 천하에 한 사람이라도 끼니를 굶는 사람이 있으면 자기가 끼니를 굶고 있는 것처럼 느꼈다. 이 두 사람은 그들이 담당한 직무가 긴급한 상황이었던 것이다. 이에 반하여 안회의 상황은 그렇게 긴급한 것이 아니었다. 그러나 정도를 걸어가는 마음은 같았다. 만약에 우·직과 안회의 상황을 바꾸어서 생각해본다면, 안회 또한 우·직처럼 긴급하게 이 세상을 구원하는 데 분주하게 살았을 것이고 우·직 또한 안회처럼 안빈낙도하면서 느긋하게 살았을 것이다.

– 『맹자 사람의 길』 494쪽

논어, 맹자가 쓰인 시대에 일이란 대부분 농사와 관련되었을 것이다. 우와 후직 같은 관리자들은 자기 분야의 일이 있었지만, 자신의 역할에 필요한 것은 일이 정해진 다음에 배웠을 것이다. 지금도 마찬가지다. 어릴 적부터 특별한 분야에서 자질을 발휘하여 진로를 결정한 경우를 제외하면, 대부분 기본적인 지식은 교육 과정을 통해서 배우고 자신의 상황에 맞추어 일을 시작한다. 거의 학교에서 공부한 분야와 관련된 일을 하지만, 현실에서의 일은 학교에서 공부한 것과는 다르다.

일을 통해서 여러 사람들과 관계를 형성하고, 예상하지 못했던 난관에 직면하게 된다. 자신과 맞을 수도 있고 맞지 않는다고 생각할 수도 있다. 설사 맞더라도 일은 혼자만의 것이 아니며 혼자서 할 수 있는 것도 아니라서 누군가와 함께 해야 한다. 그 과정에서 어떤 사람은 퇴사를 생각하기도 하지만, 어떤 사람은 일을 자신에게 맞추기도 한다. 그 일이 무엇이든 누가 선택해준 것이 아니라 스스로 거쳐온 선택의 결과물이다. 할 수 없는 일이었다면 지금 서 있는 데까지 오지도 못했을 것이다. 우리는 모두 자신에게 맞는 특별한 일 한 가지만 가지고 있지 않으며, 특정한 한 가지 일에 한정된 사람도 아니다.

공자께서 말씀하셨다. "군자는 그릇처럼 한 가지 기능에만 한정된 사람이 아니다."

- 『논어』 「위정」편 40쪽

일은 현실이다

―   취업이 어렵다고들 한다. 대학생들은 졸업이 두렵다고 한다. 취업 재수가 유행이고, 소위 말하는 스펙 쌓기, 해외 경험 등을 이유로 많은 학생들이 졸업을 유예하는 탓에 대학교 재학 기간이 늘어나는 현상이 생겼다고 한다. 쉽지 않은 시간이겠지만, 멋진 직장생

활을 상상하며 그 시간을 감내하는 것일 테다.

그러나 직장생활, 즉 일을 한다는 것은 냉정한 현실이다. 상상으로 그릴 수 있는 이상향이 아니다. 직장에 첫발을 내딛는 순간, 그게 무슨 일이건, 그동안 공부하며 준비하고 길러지던 세계를 떠나 스스로 새로운 길을 찾아나서는 것이다. 꿈꾸는 대로 이루어지고 바꾸고 싶은 대로 바꿀 수 있는 상상 속의 세상이 아닌, 하나를 선택하면 나머지를 포기해야 하는 현실이다. 현실을 어떻게 받아들이고, 어떻게 헤쳐나가고, 그래서 어떤 미래를 가지게 될지는 온전히 스스로에게 달려 있다.

현실에는 생각만으로 해결할 수 없는 실질적인 과제가 늘 있다. 세상이 모두 아름다운 것은 아니지만 그렇다고 너무 힘들어 살 수 없는 곳도 아니다. 일한다는 것은 그런 모든 것과 함께하는 현실이다. 신입사원으로 첫발을 들여놓고, 배우고 경험하고 경력이 쌓이고, 관리자가 되고, 리더가 되고, 경영자가 되어가는 것, 20년 이상 책으로 공부만 하다가 직접 일해서 먹고사는 문제를 해결하는 것, 그 과정에서 다양한 사람과 관계하고 배우고 가르치고 의지하고 의지가 되어주는 것, 스스로 자존을 경험하고 깨닫고 만들어가며 성장하는 것, 세상에 대해 고민하고 스스로의 존재에 대해 고민하는 것, 이런 모든 것들이 기다리고 있는 현실이다. 피하고 싶어도 피할 수 없으며, 스스로 부딪치고 헤쳐나가면서 성취에 포효하기도 하고, 실패에 좌절하기도 하고, 희망으로 에너지를 얻기도 하고, 실망으로 힘이 빠지기도 하는 현실이다. 그 속에서 자신을 찾아가는 긴 여정이다.

03
행복의 조건

조금 이른 출근을 해서 회사 식당에서 아침을 먹는다. 식당에서 일하시는 분들은 그보다 더 일찍 출근해서 음식을 시간에 맞추어 준비하고 따뜻한 상태로 배식하느라 애썼을 것이다. 배식하면서도 항상 웃는 얼굴로 "맛있게 드세요"라고 인사한다. 나는 "감사합니다" 하고 대답한다.

식당에서 일하시는 분들과 사무실에서 근무하는 나는 어떤 공통점이 있고 어떤 차이가 있을까? 삶이라는 큰 틀에서 보면 가족이 있고, 사회생활을 하고, 동료가 있고, 남들이 기뻐하는 일을 할 때 스스로 뿌듯해하고, 하루 24시간을 살고, 그런 하루들이 모인 1년 365일을 똑같이 산다. 부모의 사랑을 받으며 자랐고, 아이들이 아프거나 상처받을 때 가슴 아파한다. 나만을 위해서가 아니라 다른 누군가를 위해 일한 대가로 생활에 필요한 소득을 얻는다. 일하기 싫을 때도 있고, 일 때문에 스트레스를 받기도 하지만, 그 속에서 웃고 즐거워하기도 하고, 성취감에 대견스러워하기도 한다. 차이로는 일에 필요한 지식과 요구되는 경험이 있을 것이다. 급여에도 차이가 있을 테고, 일하는 시간과 장소도 다르다. 그러나 이런 차이가 있다고 해서 각자 하는 일의 가치가 달라지는 것은 아니다. 일하는 사람 누구나 자신과 자신의 일에 가치를 가지고 산다. 누구나 자신에게만 속하는 주인의식과 보람이 있다.

누구도 동일한 조건에서 일하지 않으며 가능하지도 않다. 각자 처한 상황이 다르니 동일한 기준으로 비교할 수도 없다. 이름만 대면 아는 유명한 회사에 다니는 사람, 소수가 일하는 작은 회사에 다니는 사람, 돈이 많지만 일이 재미없는 사람, 일은 재미있는데 소득이 많지 않은 사람, 도심 한복판에 회사가 있는 사람, 시외 외진 곳에 회사가 있는 사람, 제조 현장에서 일하는 사람, 개발 부서에서 일하는 사람, 영업 부서에서 일하는 사람, 신입사원, 중견 간부, 경영진 등등 수없이 많은 배경이 있다. 우리는 이 중 자신에게 주어진 단 하나의 상황에서 일한다. 그 상황조차 단 한 순간도 머무르지 않고 변해가는 과정 속에 살고 있다.

아주 오래전 수렵·채집을 하며 살던 시대에는 모든 것을 자급자족해야 생존할 수 있었다. 농업시대에는 씨 뿌리기부터 수확까지 모든 일을 스스로 잘해야 농부로 성공할 수 있었다. 그러나 산업사회를 거쳐 현재는 모든 분야가 분업화되었다. 그러는 동안 사회는 경제적으로 성장했지만, 개인의 역할은 특정 영역으로 좁아졌고 행복지수는 떨어졌다. 남들은 큰 회사에서 일하는 사람을 부러워하지만, 정작 자신은 큰 조직의 작은 부품에 지나지 않는 것 같아 싫어질 때가 있다. 여러 명이 같이 일하다 보니 개인에게 주어진 일이 너무 한정적이어서 존재감을 느끼지 못해 의욕이 떨어지기도 한다. 반대로 작은 회사에서 일하는 사람은 남들이 알아주는 대단한 회사가 아니어서 싫을 때가 있다. 인원이 적으니 할 일의 범위가 너무 넓어서 불만일 때도 있다. 무엇이 인간의 본성에 가까운지는 모르지만, 어느 쪽도 스스로 가진 것에 만족하지 않는다.

신입사원의 희망 부서를 보면 연구 개발 업무에 대한 선호도가 높다. 제조 부문에서 일하는 것이 훨씬 간명하고 장점이 많을 수도 있는데, 막연하게 연구 개발을 선호하는 경향이 있는 것 같다. 제조 분야는 상대적으로 해야 할 일이 분명하고 반복된 작업이 많을 수 있겠지만, 그래서 오히려 삶은 더 명쾌할 수 있다. 반대로 연구 개발 업무가 항상 새로운 일을 할 것 같지만, 혼자서 다 하는 것이 아닌 이상 구성원이 전체가 아닌 한 부분을 담당하고, 장비를 사용하고, 반복되는 일을 한다는 점에서는 다른 일과 비슷하다. 원인과 결과를 분석하고 개선하는 것도 동일하다. 과거 농경시대에는 시원한 아침저녁으로 일하고 더운 낮에는 쉬는 식으로 시간 조절이 자유로웠다. 그렇지만 지금은 연구 개발이든 제조든 정해진 시간에 출퇴근하여 다른 구성원들과 호흡을 맞추면서 일해야 한다. 일이라는 부분을 떼어내고 삶이라는 관점에서 보면 어떤 분야에서든 주어진 조건에서 주어진 일을 반복하는 것이다.

우리는 일을 통해서 무엇을 추구하는 것일까? 행복을 가져다주는 일은 어디에 있을까? 분업화된 산업사회에서 특별히 행복을 주는 일이 있을까? 소득 차이를 제외하면 일은 어떤 의미여야 할까? 사람들의 선망을 받는 일을 하는 사람들은 그 일 자체에 만족할까? 타자의 시각이 아닌, 자신의 입장에서 자기 일이 멋있어 보일 때는 언제일까? 다들 부러워하는 대기업에 다니는 사람이라도 고심해서 준비한 보고서가 채택되지 않고 버려질 때, 삶이 의미 없고 허허롭다고 느끼지는 않을까? 식당에서 일하는 분들은 스스로 준비한 음식을 맛있게 먹고 반갑게 인사하는 고객을 볼 때 뿌듯하지 않을까?

어떤 일을 하고 있는가로 행복 여부를 이야기할 수 없다. 어떤 일에나 장단점이 있기 마련이며, 어떤 일을 하더라도 스스로 선택한 것이다. 따라서 하는 일에 의미를 부여하고 최선을 다하지 않으면 직장생활은 불만족과 불행의 연속이 된다. 진정한 행복과 만족은 일 자체보다 일과 함께하는 다양한 요소들이 결정한다는 사실을 우리 모두는 안다. 아무리 생각해도 지금 하는 일을 계속할 수 없다면 새로운 선택을 해야 하겠지만, 그렇다고 스스로 선택한 일을 부정하지는 말아야 한다. 일 자체를 가지고 뭐라 하지 말아야 한다는 뜻이다. 세상에 소중하지 않은 일은 없다. 지금 하고 있는 일이 무엇이든 자신이 스스로 선택한 것이다. 그래서 최고의 일이다. 내일 새로운 일을 찾더라도, 오늘은 오늘 하고 있는 일이 최고의 일이다.

타자의 관점이 아닌, 자기 관점에서 자신의 일을 바라보아야 한다. 겉보기에 멋지고 성공이라고 하는 것들과 그렇지 않은 것들 사이에서, 성공을 어떻게 정의하고 있는지 스스로 생각해야 한다. 우리는 허영에 끌려가는 군중 속에서 살고 있지만, 동시에 각자 고유한 삶을 살아간다. 성공의 정의도 나의 삶과 환경과 가치에 따라 달라야 한다. 돈을 많이 벌었는데 명예가 없는 사람은 명예가 없음에 불만족하거나, 건강하지 않아서 불만족한 삶을 살 수도 있다. 명예를 얻은 사람은 반대로 돈이 부족해서 불만족할 수 있고, 가족 간의 불화 때문에 불행할 수도 있다. 삶의 어느 한 부분만 가지고는 행복해질 수 없다. 삶을 구성하는 모든 영역이 적절히 갖추어질 때 행복해진다. 자신의 행복은 타자가 평가해주는 것이 아니라 스스로 평가해야 한다. 그 누구도 다른 사람의 마음속을 들여다볼 수 없다. 누구는 돈이 얼마나 있고, 누구는 어떤 자리에 올랐고 하는 등 일상이 주는 행복을 무시하지만 사실은 그렇지 않다.

지금은 스스로 자급자족하며 살던 농경시대가 아니다. 분업이 이루어진, 그래서 서로가 서로에게 의지하며 살아야 하는 시대이다. 아무리 겉보기에 멋있고 수입이 많은 직업을 가졌더라도 생존에 필요한 음식은 누군가에게 의지해야만 구할 수 있다. 같은 직업이라도 일은 다양하게 분업화되어 있다. 신입사원부터 사장까지 어느 누구도 혼자 할 수 있는 일은 없어서 서로 의지하며 일한다. 그럼에도 혼자 다 할 수 있다고 착각하는 것은 과장된 거짓이며, 스스로 하는 역할이 없다고 자책하는 것은 지나친 자기비하이다. 모두 각자의 자리에서 각자의 역할을 한다.

노동 생산력의 가장 큰 개선과, 그것이 적용되었을 때의 숙련도와 솜씨, 판단력의 대부분은 분업의 결과였다고 생각된다. (⋯) 사람들 사이에서는 가장 닮지 않은 자질이라도 서로에게 유용하며, 그것은 그들 각자의 재능이 만들어내는 갖가지 생산물을 거래하고 교역하고 교환하는 일반적인 성향에 의해 이른바 공동재산이 되어, 거기서 누구나 타인의 재능으로 만들어진 생산물 가운데 자신에게 필요한 어떤 부분이라도 살 수 있는 것이다.

— 『국부론』 29쪽

세상에 소중하지 않은 일은 없다. 아무리 사소한 일도 사람들에게 도움이 되고 이로우며, 스스로를 발전시킨다. 좋아서 오랫동안 하고 있는 일이 있다면, 세분화된 현대 사회에서 평생 작은 한 부분만을 경험하며 채우고 있는지도 모른다. 매일매일 같은 일을 반복하면서 말이다. 주변의 관심을 받지 못하는 일을 하고 있다면 오히려 스스로 모든 것을 결정하며 자유롭게 일하는 것일 수도 있다. 성공적인 삶이 어디에 있을지는 모른다. 지금 자신이 하고 있는 일은 어느 날 누군가 정해준 것이 아니다. 오늘의 자신은 태어난 이후부터 지금까지 연결되어온 과정이며, 스스로가 투자한 시간과 노력, 경험이 쌓여 만든 것이다. 마음에 들지 않는다고 부정해도 소용없고, 바꾸고 싶어도 바꿀 수 없다. 미래는 거기에 다시 오늘이 더해져서 새롭게 만들어진다. 오늘 스스로가 자랑스러워하는 자신은, 최선을 다한 자신의 과거이며, 오늘 최선을 다하는 자신은 스스로 만들어가는 자신의 미래다.

남을 아는 사람은 지혜롭지만, 자신을 아는 사람은 현명하다. 남을 이기는 사람은 힘이 있지만 자신을 이기는 사람은 강하다. 만족할 줄 아는 사람은 부유하지만, 힘써 행하는 사람은 뜻을 얻는다.

— 『노자』 노자 지음, 김원중 옮김, 글항아리, 2013 141쪽

04

선택 = 포기

직장인들의 직장생활 만족도를 보면 항상 불만이 압도적으로 많다. 또한 대부분의 직장인은 이직을 생각해본 적이 있다고 한다. 상사가 힘들게 해서, 동료들과의 관계 때문에, 일이 적성에 맞지 않아서 등등 이유는 다양하다. 그런데 과연 불만 없이 행복하기만 한 직장이 있을까? 좋아하는 일을 하라고들 하는데, 그런다고 해서 직장이 불만 없이 행복한 곳이 될까? 놀이로 하면 좋기만 하던 것도, 직업이라고 생각하면 하기 싫어지는 것이 인지상정이다. 게다가 나 혼자가 아니라 여럿이 모여 함께 일하는 회사에서, 내가 좋아하는 일을 한다고 불만 없이 행복한 직장생활을 할 수 있을까?

세상 모든 일이 그러하듯, 직장생활도 스스로의 일, 스스로의 삶이 되지 않으면 무관심한 남의 일과 다를 바 없어진다. 반대로 좋아하는 일이 아니더라도 자신의 일이 있으면 스스로의 삶을 만들 수 있다. 자기가 가진 것이 최고는 아니지만 최고의 가치가 있으며, 조금 불편하고 남들이 알아주지 않아도 스스로에게는 소중하다. 일도 마찬가지다. 그것이 무엇이든, 자신의 일에 스스로 가치를 부여할 때 비로소 삶의 일부가 될 수 있다.

직장에서 정해진 일을 하고 정해진 급여를 받으면서, 연예인처럼 화려하거나 재벌처럼 돈이 많았으면 하고 있다면 자신의 삶을 산다고 볼 수 없다. 사원이 '내가 과장이었으면' 과장이 '내가 부장이었으면' 하며 자신의 위치에 불만스러워 한다면 그 역시 스스로의 삶이 아니다. 부장이 되어서도, 임원이 되어서도 마찬가지다. 상사의 위치에 있으면서도 중요한 결정을 앞둔 스트레스 때문에 '내가 의사 결정자가 아니었으면' 하고 생각한다면, 직장생활이 불행한 것이다. 어느 자리에서나 각자 감당해야 하는 일이 있고, 도움을 주고받아야 하며, 관계해야 하는 사람들에 둘러싸여 있다. 이 모든 것들을 자신의 것으로 받아들이고 주어진 현실에 맞설 때, 힘들더라도 스스로의 삶이 되고 즐거운 직장생활이 된다. 매일 마주하는 현실이 힘들 때도 있지만, 그것을 헤쳐나간 후에 얻는 성취감이 자신을 키운다. 바쁘게 일하다가도 어쩌다 한가로워졌을 때 느끼는 여유가 자신을 살찌운다. 어려운 과제를 많은 고민과 노력 끝에 마무리했을 때 느끼는 희열이 자신의 일을 경험하게 한다.

사연이야 어떻든 지금 어떤 일을 하고 있다면 그 일이 스스로의 삶이다. 내가 사원이면 내가 있어서 상사들이 더 중요한 일을 할 수 있으며, 내가 있어서 조직에 막내가 있으며, 내가 있어서 열심히 질문하고 배우는 문화가 있으며, 내가 있어서 선배가 있는 것이다. 나는 아직 막내여서 실수를 해도 수용될 수 있으며, 좌충우돌해도 모든 것이 받아들여진다. 사원이 사원으로 일할 때 스스로의 삶이 있다. 임원이 임원으로 일할 때 스스로의 삶이 있다.

매일 일하면서 머릿속으로는 누구를, 무엇을 상상하는가? 내가 상사라면? 내가 회사를 차린다면? 내가 다른 회사에 다닌다면? 내가 드라마에 나오는 영웅적인 직장인이라면? 내가 억만장자라면? 상상은 자유다. 그러나 누구에게나 하루에 24시간이 주어지며, 하나를 선택하면 다른 하나는 포기해야 한다. 자유를 누리고 싶으면 대중에 알려진 유명인이 되어서는 안 된다. 일찍 퇴근하고 싶고 중요한 회의나 결정 때문에 스트레스받고 싶지 않으면 중요한 보직의 간부가 되어서는 안 된다. 승진하고 간부가 된다는 것은 스스로 더 많은 일과 더 많은 스트레스를 감당하겠다는 뜻이다. 친구 만날 시간을 반납하는 것이며, 가족과 주말을 보내기를 포기한다는 의미다. 열심히 일하지 말라는 것이 아니다. 때로는 밤을 새울 수도, 주말에도 일을 해야 할 수도 있다. 그러나 어쩔 수 없어서 하는 게 아니라 자신이 필요해서 스스로 하는 것이다. 남들과 비교하지 마라. 자신의 일을 하고 자신의 삶을 사는 것은 진실하며 타인의 공감과 존중을 받는다.

맹자께서 말씀하셨다. "내가 남을 그토록 사랑했는데, 사랑해준 그가 나를 친하게 생각치 아니 하면 나의 인仁을 반성하라! 내가 사람을 다스렸는데 다스려지지 아니 한다면 나의 지智를 반성하라! 내가 남에게 예禮를 다했는데, 그가 나에게 응당한 보답을 하지 않으면 나의 경敬을 반성하라! 행하여 내가 기대한 것이 얻어지지 않을 때는 항상 그 원인을 나에게 구하라. 나의 몸이 바르게 되면 천하 사람들이 모두 나에게로 돌아온다.

- 『맹자 사람의 길』 「이루」 상 390쪽

자신의 삶을 산다는 것은 때에 맞추어 필요한 일을 하는 것이다. 주변 사람들이 공감할 수 있는 행위를 하는 것이다. 말해야 할 때 말하고, 아닐 때 입을 닫는 것이다. 일해야 할 때 일하고 쉬어야 할 때 쉬는 것이다. 친구를 만나야 할 때 친구를 만나고, 아이들을 돌봐야 할 때는 아이들을 돌보는 것이다. 출근해야 할 때 출근하는 것이며, 퇴근해야 할 때 퇴근하는 것이다. 즉 무엇을 언제 해야 할지 아는 것이다. 잘못된 것을 잘못되었다고 말하는 것이며, 궁금한 것이 있으면 질문하는 것이다. 누군가를 이끌어야 할 자리에 있을 때 리더가 되는 것이며, 조직원의 자리에 있을 때 함께 맞추어가는 것이다. 희생해야 할 때 희생하는 것이며, 주장해야 할 때 주장하는 것이다. 회의에서는 의견을 내는 것이며, 결정된 사항에 대해서는 따르는 것이다. 스스로의 가치를 인식하는 것이며, 타인의 가치를 인정하는 것이다. 자기가 항상 옳은 것도 아니며, 그렇다고 항상 그른 것도 아님을 아는 것이다. 필요한 만큼 재산을 벌어서 모으는 것이며, 원하는 것에 맞추어 소비하는 것이다. 가끔은 도움을 받는 것이며, 때로는 도움을 주는 것이다. 모두가 옳다고 하는 게 있다면 본인은 아니라는 생각이 들어도 '그럴 수도 있겠구나' 하고 생각해보는 것이며, 그러고도 아니라고 판단될 때는 아니라고 말하는 것이다. 모두가 아니라고 해도 확신이 있다면 혼자라도 옳다고 이야기 하는 것이다. 누가 평가해주는 것이 아니라, 스스로 평가하고 판단하는 것이다. 울고 싶을 때 눈물 흘리는 것이며, 즐거울 때 소리 내어 웃는 것이다. 자신의 성공은 타인의 도움으로 이루었다고 생각하는 것이며, 타인의 성공은 그 사람의 노력 덕분이라고 인정하는 것이다. 에너지 가 넘쳐흐를 때는 한없이 힘이 솟고 의욕이 넘치는 것이며, 때로는 아 무것도 하기 싫은 의욕 없는 시간을 흘려보내는 것이다. 때로는 세상 에 이루지 못할 게 하나도 없는 듯이 자신감에 차 있는 것이며, 때로는 아무것도 할 수 없을 듯한 허무함에 젖는 것이다. 내가 뭐 하는 사람인 가 싶다가도 어느 순간 내 일이 작게는 나와 가족, 크게는 국가와 인류 평화에 이바지하고 있다고 생각하는 것이다. 모든 것을 갖고 싶다가도 모든 것을 버리고 싶은 것이다. 일주일 이상 텔레비전을 보지 않고 살 아도 아무 불편이 없지만, 어느 날은 하루 종일 텔레비전에서 눈을 떼 지 못하는 것이다. 세상 욕심 다 부릴 것처럼 이기적으로 굴다가 어느 순간 세상에서 제일 마음씨 고운 천사로 변하는 것이다.

맹자께서 말씀하셨다. "사람을 감복시키기 위한 동기를 가지고서 선을 행하는 사람은 진실로 사람을 감복시켜본 적이 없다. 그러한 동기가 없이 스스로 선을 행하여 사람들에게 감화를 주고 저절로 그들이 교화되도록 한 연후에나 비로소 천하 사람들의 마음을 감복시킬 수 있다."

– 『맹자 사람의 길』「이루」하 468쪽

우리 모두는 이렇게 산다. 그렇게 오늘을, 현실을, 현재를 열심히 사는 것이 스스로의 삶을 사는 것이다. 누구와 비교하지 말고, 누가 이야기하고 포장해주는 자신이 아니라, 스스로 관찰하고, 스스로 인식하고, 스스로 이끌고, 스스로 행동하는 것이 스스로의 삶을 사는 것이다.

자신의 삶을 살아라. 타인의 일이 아닌 자신의 일을 하라.

자공이 여쭈었다. "마을 사람들이 모두 그를 좋아한다면 어떻겠습니까?" 공자께서 말씀하셨다. "그 정도로는 아직 안 된다." "마을 사람들이 모두 그를 미워한다면 어떻겠습니까?" 공자께서 말씀하셨다. "그 정도로는 아직 안 된다. 마을의 선한 사람들은 그를 좋아하고, 그 마을의 선하지 않은 사람들은 그를 미워하는 것만은 못한 것이다."

– 『논어』「자로」151쪽

05

성공

이십여 년 회사 생활을 하면서 성공했다고 할 만한 사람들을 많이 보았다. 신입사원 면접을 하면서 취업 과정에 있는 젊은이들을 보았고, 입사해서 막 회사 생활을 시작하는 신입사원들도 보아왔다. 입사 후 이런저런 이유로 회사를 그만두고 진로를 바꾸는 사람들도 보았다. 임원으로 피선되지 못하고 부장에서 그만두는 사람들도 보았다. 나 스스로도 신입사원으로 입사해서 간부 시절을 거쳤고, 임원 생활을 경험했다.

수많은 직장인들이 있지만 동일한 생각과 목표를 가지고 동일한 조건에서 동일한 일을 하는 경우는 없다. 성공을 위해서 거쳐야 하는 과정이나 조건이 정해져 있는 것도 아니다. 회사가 어떤 기술과 사람을 확보할 것인지는 산업의 흐름에 따라 변한다. 회사는 사람에 맞추어 일을 만드는 게 아니라 일에 맞춰 필요한 사람을 선발한다. 그래서 개인 역량에는 큰 차이가 없음에도 불구하고, 입사 시기나 하게 되는 일 등 주어진 환경에 따라 겉으로 보이는 결과에 차이가 커지기도 한다. 나는 삼성전자에서 임원이 되었지만, 내게 남들과 구별되는 특별한 재능이 있어서였다고 생각하지는 않는다. 나에게 주어진 일과 경험, 함께한 사람들을 포함한 업무 환경, 시대적 환경 등 다양한 요인들이 임원까지 오게 한 것뿐이다. 물론 주어진 일에는 열심히 최선을 다했다. 그러나 내가 최선을 다했다고 해서 절대적으로 일을 잘했음을 의미하는 것은 아니며, 그것이 내가 임원이 되어야 하는 당위성을 주는 것도 아니다. 최선을 다한 사람들은 나 이외에도 많고, 내가 최선을 다했다는 것은 나를 제외한 타인에게는 아무런 의미가 없을 수도 있다.

　신입사원은 미래의 성공에 대한 기대를 가지고 직장생활을 시작한다. 출발점에 선 사람들의 능력은 별반 차이가 나지 않는다. 학교에서 배운 지식에는 조금 차이가 있겠지만, 실제 업무에 바로 활용할 수 있는 것이 그다지 많지 않은 현실에서 그 차이는 미래에 발생할 차이와 비교하면 아무것도 아니다. 그보다 큰 차이가 있다면 새로운 것을 대하는 자세, 새로운 것을 배우고 경험했을 때 자기 것으로 소화할 수 있는 능력, 조직 생활에서의 조화 등 잠재적인 것들이다. 이런 역량은 입사할 때부터 갖추고 있을 수도 있고, 입사 후에 갖출 수도 있다. 그러나 그 능력이 어디에 있든, 일을 시작하고 나면 다양한 이유로 차이가 벌어지기 시작한다. 스스로 능력이 있다고 믿는 사람은 그 믿음 때문에 조직에 적응하지 못하기도 하고, 스스로 능력이 떨어진다고 믿는 사람은 자신감 부족 때문에 조직에 적응하지 못하기도 한다. 운이 좋으면 도와주는 선배나 상사를 만나서 성장하기도 하고, 반대로 잠재력을 충분히 가졌는데도 조직이나 선배, 상사와 맞지 않아서 성장하지 못하기도 한다. 당사자들이 이 모든 것들을 사전에 이해하고 자신이 직면한 상황을 이해할 수 있으면, 미리 준비하고 개선하고 새로운 선택을 할 수도 있을 것이다. 하지만 시간이 지나서 결과가 나타날 때까지도 모르는 일이라 중간에 어떻게 해보기도 어렵다. 결국 매 순간 최선을 다한 결과가 시간이 지나서 나타난 후에야 성공 여부를 알게 된다. 그래서 직장생활의 성공은 결과가 아니라 과정이다.

과정에 충실했으면 결과를 수용하고, 거기에 맞추어 다시 최선의 선택을 해나가는 것이 성공하는 삶이 된다. 과정에 최선을 다하면 결과가 배신하지는 않지만, 그렇다고 반드시 외형적인 성공으로 연결되는 것도 아니다. 결과가 좋았다면 운도 따른 것이다. 스스로 잘나서 성공했다고만 생각하는 것은 불행의 끈이 유혹하는 착각이다. 결과가 좋지 않았더라도 과정을 즐기고 최선을 다했으면 자신의 가치를 구현했다고 생각해야 한다. 좋은 결과는 원래의 만족보다 더 큰 만족을 줄 것이고, 결과가 만족스럽지 못할지라도 과정에 충실했다는 사실은 변하지 않는다. 최선을 다하는 것은 성공을 위한 기본 조건에 지나지 않는다. 자신이 할 수 있는 일을 다 했다면 그다음 외형적인 성공은 스스로는 어떻게 하지 못하는 많은 변수들까지 맞춰질 때 덤으로 따라오는 행운이다. 외형적인 성공은 자신만이 아니라 역할을 분담하고 있는 나머지 구성원들 모두 최선을 다해 성공적으로 역할을 수행하고, 거기에 행운까지 따라야 가능하다.

화는 만족할 줄 모르는 것보다 더 큰 것이 없고, 허물은 얻으려고 욕심 내는 것보다 더 큰 것이 없다. 그러므로 만족함을 아는 데서 얻는 만족 이야말로 늘 만족하게 되는 것이다.

– 『노자』 46장 183쪽

모두가 성공을 기대하며 최선을 다하지만, 누구나 보상의 행운을 얻는 것은 아니다. 1980년대 초 대학입시에서는 화학, 건축, 토목 분야가 공대에서 인기가 있었다. 그러나 그때 입학한 학생들이 졸업하고 취업해서 20년이 지났을 무렵에는 전자 분야가 산업을 이끌었다. 단순히 성적에 맞춰 선택한 전공이 시간이 지난 후 성공으로 이어진 경우도 많이 있을 것이다. 입사해서 어느 부서에 배치되는가가 직장에서의 성공을 결정하는 중요한 변수가 되기도 한다. 중요하지 않은 부서는 없지만, 시대적인 변화, 기업이 처한 상황 등에 따라 피라미드 조직의 제한된 상층부는 결국 영향을 받기 때문이다.

지혜가 있을지라도 바른 때의 세勢를 타느니만 못하고, 아무리 좋은 쟁기가 있어도 농사의 제철을 기다리는만 못하다.

-『맹자 사람의 길』「공손추」상 231쪽

외형적인 성공은 중요하다. 직장에서 일을 하고 있는 사람이라면 누구나 성공을 이루기 위해 열심히 노력한다. 그러나 외형적인 성공 여부가 인생의 성공과 동일한 의미는 아니다. 영향이 없지 않겠지만, 외형적인 요소가 인생에서 가장 중요한 요소가 되면 성공 여부에 관계없이 행복해지기가 어렵다. 아무리 큰 성공도 영원하지 않다. 언젠가는 자신으로 돌아오게 된다. 성공 여부에 개인의 능력 외에도 다양한 다른 변수가 있음을 감안하면, 행복의 가장 중요한 변수는 삶에 대한 충실함이 되어야 한다. 자기 일에 충실하면 삶이 충만해진다.

자신에 충실했으면 스스로를 인정하고 칭찬해줄 수 있어야 한다. 과거 대다수 사람들이 1차 산업에 종사하던 시대에는 태어난 환경이 직업을 결정할 확률이 높았지만, 지금은 모두 스스로 자기 일을 선택하고 결정한다. 어떤 이유에서든 자신이 선택한 일을 하며, 따라서 그 결과도 자신의 몫인 것이다. 결과를 수용하는 삶을 산다고 해서 인생의 목표를 낮추는 것이 아니다. 스스로 개별적이고 독립된 존재인 자신을, 통일된 기준이 아닌 자신의 기준과 가치로 바라보는 것일 뿐이다.

공자께서 말씀하셨다. "군자는 일의 원인을 자기에게서 찾고, 소인은 남에게서 원인을 찾는다."

- 『논어』 「위령공」편 174쪽

만일 왕도정치를 행하는 사람이 있다 하더라도 반드시 한 세대 뒤에야 풍속이 인仁해질 것이다.

- 『논어』 「자로」편 146쪽

06

사람

"인재 제일, 사람이 중요하다." 모두가 강조하는 말이다. 지식사회로 들어서서 경쟁이 심해지고, 경쟁력의 핵심인 사람이 더 중요하다고 한다. 그러나 삶의 본질은 지식사회가 되었다고 해서 변하지 않는다. 우리 모두는 관계 속에서 산다. 아무리 훌륭한 지식을 가져도, 아무리 많은 경험이 있어도, 혼자 할 수 있는 것은 없다. 지식과 경험은 함께하는 사람들이 있을 때 의미가 있다. 점점 세분화되고 다양해지는 직업들이 복잡하게 얽혀 돌아가는 세상이지만, 그런 세상이 있게 하고 그런 세상을 만들어가는 것은 함께하는 수많은 사람들이다. 매일 새로운 것이 나오며 변해가지만, 그 세상을 흘러가게 하는 원천은 사람이다.

공자께서 말씀하셨다. "인仁이란 것은 자신이 서고자 할 때 남부터 서 게 하고, 자신이 뜻을 이루고 싶을 때 남부터 뜻을 이루게 해주는 것이 다. 자신이 원하는 것을 미루어서 남이 원하는 것을 이해하는 것이 바 로 인의 실천 방법이다."

– 『논어』 「옹야」편 85쪽

기업의 성공은 사람을 위한 성공이다. 기업이 추구하는 가치가 이 익이라고 하지만, 그 이익도 결국은 사람을 위한 이익이다. 구성원을 위한 이익이며, 소비자를 위한 이익이며, 사회를 위한 이익이다. 어떤 기업은 성공하고 어떤 기업은 실패하지만, 그 과정들도 모두 사람을 위한 것이다. 일을 좋아하는 사람은 없다고 하지만, 동료를 좋아하는 사람은 많다. 그래서 매일매일의 일이 할 만한 것이 되고, 일하는 일상 이 즐거울 수 있다. 어떤 분야, 어떤 조건의 일이라도 변하지 않는 공통 적인 것은 오직 사람밖에 없다. 일이 아니라 사람이 함께 살아간다는 것밖에 없다. 어떤 일을 하는가와 관계없이 사람의 본성에, 환경에 반 응하는 감성이 더해진 그런 사람들이 함께 살아간다는 것밖에 없다.

자로가 여쭈었다. "어떻게 하면 선비라고 말할 수 있습니까?" 공자께서 말씀하셨다. "서로 진심으로 격려하며 노력하고, 잘 화합하며 즐겁게 지내면, 선비라고 할 수 있다."

– 『논어』 「자로」편 152쪽

살아가면서 많은 사람들을 만나지만, 직장에서 만나는 사람들과 그 누구보다도 많은 시간을 함께한다. 같은 직장에서 일한다면 비슷한 교육 과정을 거쳤을 확률이 높고, 비슷한 환경에서 생활한다. 그것도 하루이틀이 아니다. 매일매일 즐거운 경험, 괴로운 경험, 성공한 경험, 실패한 경험, 일 문제, 사람 문제, 쉬운 일, 어려운 일, 살면서 경험하는 거의 모든 것을 함께 경험한다. 학창 시절 친구들이 오랜 추억과 함께 평생토록 마음에 위안을 줄 수 있는 인생의 벗이 된 것처럼, 직장 동료들도 함께하는 경험이 쌓이고, 시간이 쌓여서 인생의 친구가 될 수 있는 것이다. 성과 없이는 존재할 수 없는 것이 기업이라고 하지만, 인간관계는 그와 관계없이 만들어진다. 성공한 기업에서도, 실패한 기업에서도 만들어진다. 생존 경쟁 때문에 직장생활이 힘들다고 하지만, 그런 생활에도 즐거움을 줄 수 있는 가장 소중한 기반인 동료들이 항상 가까이서 함께하고 있다.

유익한 벗이 셋이 있고 해로운 벗이 셋이 있다. 정직한 사람을 벗하고, 신의가 있는 사람을 벗하고, 견문이 많은 사람을 벗하면 유익하다. 위선적인 사람을 벗하고, 아첨 잘하는 사람을 벗하고, 말만 잘하는 사람을 벗하면 해롭다.

– 『논어』 「계씨」편 183쪽

주변을 돌아보라. 우리는 멀리 있는 누군가와 일상을 사는 것이 아니라, 매일매일 함께 일하는 동료들과 같이 산다. 우리가 경쟁하는 이는 동료가 아니라, 삶의 가치, 자아에 대한 자존심이다. 타인과의 경쟁이 아니라 스스로와의 경쟁이다.

증자가 말하였다. "나는 날마다 다음 세 가지 점에 대해 나 자신을 반성한다. 남을 위하여 일을 꾀하면서 진심忠을 다하지 못한 점은 없는가? 벗과 사귀면서 신의信를 지키지 못한 일은 없는가? 배운 것을 제대로 익히지 못한 것은 없는가?"

– 『논어』 「학이」편 29쪽

애공이 여쭈었다. "어떻게 하면 백성들이 따릅니까?" 공자께서 대답하셨다. "정직한 사람을 등용하여 그릇된 사람의 위에 놓으면 백성이 따르고, 그릇된 사람을 등용하여 정직한 사람의 위에 놓으면 백성들은 따르지 않습니다."

– 『논어』 「위정」편 42쪽

07

선정 禪定

현대 사회에서는 돈을 기준으로 모든 것을 평가하는 현상이 심해지고 있다. 언론들도 기회만 있으면 누가 얼마나 많은 돈ᵇ을 가지고 있는지를 기사화한다. 매 분기 기업들의 공시 내용을 정리해서 누가 얼마나 많은 급여를 받았는지 열심히 알려준다. 이런 기사들을 왜 쓰냐고 물으면 부의 적절한 분배 등 사회 정의를 다루기 위함이라고 주장할지도 모른다. 그러나 대부분의 사람들에게 호기심을 채워주는 이상의 의미는 되지 못한다. 오히려 의미 없는 비교를 통해 모두를 불행하게 느끼도록 하는 부정적인 역할만 하는지도 모른다. 부의 진정한 의미에 다가가지 못하고 그저 껍데기에 속하는 화폐의 단편적인 숫자 맞추기 놀이 수준에서 머무르고 있는지도 모를 일이다. 인간의 행복에 부가 미치는 영향이 크지만, 그렇다고 돈이 전부는 아니다. 최소한의 부가 필요하지만, 그 이상의 부는 부차적인 것일 수도 있다.

직장인으로서 출퇴근하며 주어진 일을 하고, 매월 정해진 급여를 받으면서 살고 있다면, 이미 돈을 벌기 위해 일하는 사람은 아니다. 따라서 돈 버는 것이 일의 최종 목적이 되면 즐거운 직장생활을 하기 어렵다. 아무리 급여를 많이 받아도 허영심이 원하는 만큼 부를 쌓기란 불가능하다. 돈이 아니라 일 자체가 의미가 되어야 한다. 일하며 관계하는 것이 의미가 되어야 한다. 일하며 느끼는 성취감이 의미가 되어야 한다. 어느 대기업의 누가 얼마나 많은 돈을 받았다는 기사 속에 등장하는 경우는 일반적이지 않다. 그들이 그렇게 돈을 많이 받으려고 계획하고 노력해서 된 것도 아니고, 설사 그만큼 노력한다고 해도 다 그렇게 되는 것도 아니다. 시대의 운을 포함한 많은 것들이 그들을 상징적으로 만들었을 뿐이다. 그들이 얼마나 많은 돈을 받는가는 숫자만큼 그렇게 큰 의미가 있는 것이 아니다. 좀 더 비싼 집에 살고, 좀 더 비싼 차를 타고, 좀 더 비싼 음식을 먹겠지만, 먹고, 자고, 이동하면서 살아간다는 본질에는 차이가 없다. 대부분의 직장인들은 그렇게 많은 급여를 받지 않지만, 다들 똑같이 먹고 자고 이동하며 삶에 필요한 부분을 채워간다. 직장인은 돈을 버는 것이 아니라, 일을 통해서 삶을 살아가는 것이다. 돈은 일을 통해 얻는 것 중 하나일 뿐이다. 일을 한다는 것은 돈보다 훨씬 큰 의미다.

공자께서 말씀하셨다. "부가 만약 추구해서 얻을 수 있는 것이라면, 비록 채찍을 드는 천한 일이라도 나는 하겠다. 그러나 추구해서 얻을 수 없는 것이라면 내가 좋아하는 일을 하겠다."

– 『논어』「술이」편 89쪽

매일 출근해서 일하는 이유에서 돈에 대한 생각을 일상 밖으로 밀어내면, 일에 새로운 의미가 생긴다. 돈이 중요하고 더 많이 벌기를 바라지만 급여는 정해져 있다. 생각한다고 더 받거나 덜 받는 것이 아니다. 오히려 돈 대신 일에 의미를 두는 순간, 더 좋은 성과가 나올 수도 있고, 일이 재미있어질 수도 있고, 동료들과의 관계가 더 좋아질 수도 있다. 그러면 마음에 여유가 생기고 일에서 받는 스트레스도 줄 수 있다. 일을 통해서 누군가에게 도움이 되기도 하며, 더 많은 성취감을 느낄 수도 있다. 그렇게 사는 것이 행복이라는 것을 느끼게 된다.

대승불교에서 열반에 이르기 위한 보살의 수행덕목으로 육바라밀이라는 것이 있다. 보시布施바라밀, 지계持戒바라밀, 인욕忍辱바라밀, 정진精進바라밀, 선정禪定바라밀, 지혜智慧바라밀이 그것이다. 보살은 깨달음을 얻어 피안에 이르고자 하는 사람을 의미하며, 바라밀은 피안에 도달한다는 의미로, 현세의 집착과 고뇌를 넘어 저 건너편에 있는 해탈의 경지에 이르는 것을 의미한다. 보시는 사랑하고 베푸는 것이며, 지계는 계율을 지키는 것이고, 인욕은 참고 용서하는 것이다. 정진은

올바른 삶을 위하여 흔들리지 않고 나아가는 것이며, 선정은 마음을 고요하고 바르게 하는 것이고, 지혜는 세상의 진리를 바르게 알게 되는 경지다. 이들 모두가 우리 인간이 본성에 충실하게 살고 행복에 이르게 하지만, 쉽게 이르지 못하여 수행해야 하는 덕목들이다. 그중에서 선정은 어쩌면 현대인들에게 특히 어려운 덕목일지도 모른다.

기술의 발전은 어느 누구도 혼자 두지 않는다. 필요 여부와 관계없이 온갖 정보들을 쉼 없이 쏟아붓는다. 도시는 매 순간 변화하고, 모든 것이 비교된다. 그런 환경 속에서 살아가는 도시의 직장인들이 마음을 고요하게 두기란 쉽지 않다. 속세를 떠나 수양하며 살지 않는 한, 선정이란 이룰 수 없는 경지인지도 모른다.

선정은 수행인이 반야의 지혜를 얻고 성불하기 위하여 마음을 닦는 것이며, 생각을 쉬는 것을 의미한다. 현실 생활이 불만과 고통으로 가득 차게 되는 까닭은 잡다한 생각을 쉬지 못하고 어리석게 집착하고 있기 때문이다. 선정은 마음을 고요하게 하는 공부로서 망념과 사념과 허영심과 분별심을 버리게 한다.

'선정禪定'이란 명상에 의한 정신의 집중과 통일을 말하는 것이다. 이것은 인도인이나 희랍인에게 공통된, 테오리아적 삶의 가치관의 우위를 반영하는 덕목이다. 그러나 구태여 그런 말을 하지 않아도 '주목' 즉 어텐션attention의 능력이 없는 삶은 결국 정신분열의 삶이 되고 만다. 정신을 집중할 수 있는 능력이란 우리가 책을 보거나 대화를 하거나 영화를 보거나 강의를 듣거나 시험을 치거나, 모든 삶의 행위의 순간 순간에 요구되는 것이다.

– 『도올 김용옥의 금강경 강해』 도올 김용옥, 통나무, 1999 45쪽

전설적인 경영자 스티브 잡스는 명상을 한 것으로도 유명하다. 그는 명상을 통해 무엇을 얻고자 했을까? 경영을 어떻게 잘 할지, 신제품 사양을 어떻게 할지 고민했을까? 아닐 것이다. 아마 모든 것을 잊어버리려고 했을 것이다. 머릿속을 잠시도 떠나지 않는 온갖 생각들로부터 잠시 멀어지고자 했을 것이다. 최고경영자로서 회사의 방향을 정하고 중요한 의사 결정을 해야 하는 자리에 있었지만, 자신이 직접 디자인하지도 않았고 직접 반도체 칩을 설계하거나 오퍼레이팅 시스템을 개발하지도 않았다. 그래서 한 가지에 집중해야 할 문제보다는 수많은 현안들이 머릿속을 복잡하게 했을 것이다. 스티브 잡스는 항상 머릿속에서 복잡하게 얽혀 돌아가고 있는 모든 것을 잊어버리고, 고요하고 평안한 마음 상태로 돌아가서 쉬고 싶었을 것이다. 깨끗하고 텅 빈, 그래서 맑고 명쾌한 기분을 느끼고 싶었을 것이다.

나는 명상이 정확하게 무엇을 의미하는지 모른다. 명상에 대해 강의를 듣거나 교육받은 경험도 없다. 그러나 책상다리를 하고 앉아서 잡다한 생각들로부터 벗어나고자 하는 시도는 많이 해봤다. 그것이 명상의 하나일 수도 있고 아닐 수도 있다. 좌우간 그것이 무엇이든 마음을 고요하게 하고 어떤 하나에 집중하고자 하는 행위라는 걸, 해본 사

람은 알 것이다. 물론 가부좌를 틀고 앉아 있는다고 해서 생각이 머리를 떠나는 것이 아니다. 한 생각을 밀어내면 다른 생각이 떠오른다. 아침 회의 때 논의하던 일을 밀어내면 내일 회의 생각이 난다. 일 생각을 밀어내면 가족 생각이 난다. 인간의 뇌는 무언가에 집중하지 않는 한 잠시도 쉬지 않고 이런저런 생각들이 왔다 갔다 하게 만들어졌는지도 모른다. 그래도 잊으려 노력하고, 잊히면 또 다른 생각이 나고, 그러면 또 잊으려 하고, 이를 반복하다 보면 어느 순간 아무 생각 없는 텅 빈 상태를 경험하게 된다. 머리가 맑아지는 경험이다. 수행이 쌓이면 _{연습을 많이 하면} 그런 상태에 빨리 이르고 오래 머무를 수 있다. 우리는 그렇게 해서라도 머리를 비우고 생각을 비우고 단순해지고자 한다. 그래서 맑고 명쾌한 기분을 느끼려고 노력한다. 그러고 나면, 신기하게도 일상과 마음에 여유가 생긴다. 긴장이 풀어지고 당연히 스트레스도 줄어든다. 이런 상태에 이르는 것을 망념이라고 한다. 사념, 허영심, 분별심을 버리게 한다는 표현인지도 모른다. 그런 경험을 하고 나면 명상을 통해서 무엇을 얻고자 하는가 하는 질문이 사라진다. 스스로 느끼기 때문이다. 무심의 경험은 그것으로 끝나지 않는다. 돌아온 일상은 그 전과 다름없지만, 어딘지 달라진다. 직장인에게는 일이 특별히 어렵거나 힘든 것이 아니라, 삶 속에서, 관계 속에서 해나가는 자연스러운 것이 된다.

아무것도 하지 않으면서 생각을 떨쳐버리기란 생각처럼 쉽지 않다. 그래서 뭔가에 집중해서, 집중하는 것 외에는 아무것도 생각하지 않는 상태가 되는 편이 역설적으로 복잡한 생각을 버리는 방법이다. 호흡 명상은 호흡에 집중해서 들숨 날숨 외에는 아무것도 느끼지 못하는 상태에 이르고자 노력한다. 걷기 명상은 천천히 걸으며 볼을 스치는 바람, 나뭇잎이 바스락거리는 소리, 새가 지저귀는 소리 등 걸으면서 느끼는 감각에 집중함으로써 그 외의 다른 감각이나 감정들로부터 단절되어 하나에 몰입하는 상태에 이르고자 한다. 그래서 역설적으로 모든 것을 잊어버리는 경험을 하게 된다. 명상 방법, 효과 등에 대하여 많은 이론이 있겠지만, 생각해보면 결국 불교의 선정바라밀에서 말하는 것과 다를 것 같지 않다. 우리는 마음을 비우고 맑고 명쾌한 기운을 느끼는 평화롭고 고요한 상태에 이르고자 한다. 그러기 위해서는 역설적으로 살면서 무언가에 집중하고 몰입해야 한다.

'몰입'이 개인의 삶이나 기업 경영에서 중요한 화두가 되었다. 경영 성과를 높이기 위해서 몰입, 잠재력을 깨우기 위해서도 몰입, 창조성을 깨우기 위해서도 몰입을 이야기한다. 마치 현대인이 필요한 것을 해결해주는 만능열쇠 같다. 미하이 칙센트미하이 교수가 쓴 『몰입의 경영』 황금가지, 2006 이라는 책에서는 몰입을 경험할 때의 느낌을 다음과 같이 이야기한다.

① 목표가 분명해진다. ② 피드백이 즉각적이다. ③ 기회와 능력 사이의 균형을 유지한다. ④ 집중력이 강화된다. ⑤ 현재가 중요하다. ⑥ 통제가 전혀 어렵지 않다. ⑦ 시간에 대한 감각이 달라진다. ⑧ 자아의 상실, 즉, 현재 당면한 과제와 직접적인 관련이 없는 것이라면 무엇이

든 의식 밖으로 밀어버린다.

그는 전 세계에 걸쳐 사회 각계각층에서 일하는 1만 명에 가까운 응답자를 대상으로 조사하여 이와 같은 결과에 이르렀다고 한다. 그러나 굳이 그렇게 복잡한 연구가 아니어도 누구나 살아가면서 스스로 이런 경험을 한다. 그런 느낌을 주는 행위들은 많다. 그림 그리기일 수도 있고, 등산일 수도 있다. 어려운 수학 문제를 푸는 것일 수도 있고, 사랑하는 사람을 생각하며 편지를 쓰는 것일 수도 있다. 무언가에 몰입할 때는, 현재 하고 있는 일 외에는 생각하지 않게 되고 시간이 느끼지 못할 만큼 빠르게 지나간다. 모든 것을 스스로 하며, 지금 무엇을 하고 있는지 확신하고, 스스로의 능력으로 최선을 다하면 성취할 수 있다는 것을 안다. 몰입은 수단이기도 하지만 결과이기도 하다. 수단으로서의 몰입이 성과를 이루게 한다면, 결과몰입에 빠진 상태 자체로서의 몰입은 긍정적인 에너지를 주고, 발전적 노력을 하게 하고, 성취를 위해 나아가게 하고, 자아를 찾게 하고, 그래서 행복한 삶으로 이끌어주는 역할을 한다. 그래서 몰입은 원인이 아니라 결과이며, 동시에 목적이라고도 할 수 있는, 인간의 삶에 없어서는 안 되는 가장 중요한 것 중 하나다.

직장인들은 일을 하며 몰입을 경험한다. 몰입에서 경영 성과가 나고, 몰입으로 잠재력과 창조성을 깨우기도 하지만 동시에 일을 통해서 몰입의 경지에 이른다. 성과를 내기 위하여, 잠재력을 깨우기 위하여, 창조성을 발휘하기 위하여 몰입하는 것이 아니다. 삶에서 떼어놓을 수 없는 몰입의 경지를 일을 통해서 얻는 것이다.

진정으로 일에 몰두하고 있는 사람은 모두 삶의 모습이 단순하다. 왜 나하면 그들은 쓸데없는 일에 마음을 쓸 겨를이 없기 때문이다.

　－『살아갈 날들을 위한 공부』 레프 톨스토이 지음, 이상원 옮김, 조화로운 삶, 2007　33쪽

　몰입하지 못하는 이유를 찾자면 수도 없이 많을 것이다. 그러나 아무 소용없는 일이다. 이유를 찾는다고 누가 해결해줄 수 있는 것이 아니다. 몰입에 좋은 환경을 가진 회사에서 일할 수도 있고, 아닐 수도 있다. 동일한 회사에서도 누구와 일하는가가 몰입에 크게 영향을 줄 수도 있다. 그러나 이런 모든 조건은 부차적이다. 몰입을 하거나 하지 않는 것은 바로 자신이기 때문이다. 조건이 좋아도 몰입하지 못하는 사람이 있고, 조건이 나빠도 몰입하는 사람이 있다. 일이 있는 한 누구나 몰입할 수 있으며, 몰입할 수 있어야 한다. 그래서 일을 통해서 얻게 되는 가장 중요한 것 중 하나를 얻어야 한다. 사람은 다양한 행위를 통하여 몰입을 경험할 수 있지만, 직장인에게 일은 몰입을 경험하게 해주는 가장 가까운 수단이다. 일을 통해서 몰입을 일상으로 만들 수 있고, 그래서 복잡한 세상사 속에서 언제든지 맑고 명쾌한 의식을 경험하며 살아갈 수 있다. 그런 직장인에게 선정은 일상 속에 있으며, 일은 우리가 일상 속에서 선정에 이를 수 있는 길이다.

08
직장인의 하루

　출근을 위해 일어날 때마다 생각한다. '아! 조금만 더 잤으면!' 어떤 날은 어제 마신 술 때문에 피곤하기도 하고, 어떤 날은 늦게 자서 피곤하기도 하고, 또 어떤 날은 아무 이유 없이 피곤하다. 그렇지만 시간에 맞추어 일어난다. 얼마나 좋은가! 매일 아침 정해진 시각에 일어나야 할 이유가 없다면 무슨 재미가 있을까? 그런 삶은 얼마나 지겹고 힘들까? 출근을 위해 일찍 일어나는 게 싫다고들 하지만 사실은 행복한 불평이다. 잠에서 막 깬 부스스한 얼굴이 비치는 거울을 보고 머리카락 한번 쓱 쓸어 올리고, 얼굴을 왼쪽 오른쪽 돌려 보며 점검하고, 잠잔 흔적을 지우고, 깔끔한 옷으로 갈아입고 하루를 준비한다. 조금만 더 잤으면 하던 아쉬움은 어느새 새로 시작하는 아침의 상쾌함이 된다.

출근을 위해 집을 나서면, 늘 보던 풍경도 매일매일 달라짐을 느끼며 자신과 이야기를 나눈다. 단풍 드는 계절에는 예쁘게 물드는 나뭇잎들을 보며 아름다웠던 지난 시간을 생각한다. 낙엽 지는 계절에는 떨어지는 낙엽을 보며 친구들을 떠올린다. 비 오는 아침에는 우산 위로 떨어지는 빗방울 소리를 들으며 음악 놀이를 한다. 새순 돋는 계절에는 추운 겨울을 나고 새로 돋는 싹들을 보며 자연의 경이로움을 느낀다. 나뭇잎 푸른 계절에는 나무들을 보면서 가슴이 설렌다. 한여름 더운 날 아침에는 며칠 지나면 가을이 올 것을 기대한다.

저마다의 방법으로 출근하여 저마다의 하루가 시작된다. 회사에 도착해서 사무실 문을 열고 들어가면 또 다른 세상을 만난다. 자리에 앉아 자신만의 공간이 주는 편안함을 느낀다. 동료들과 아침 인사를 하며 나 혼자가 아닌 우리여서 좋다는 생각을 한다. 아침마다 반갑게 인사할 동료들이 있어서 좋다. 일과를 점검하고, 모닝커피와 함께 시작하는 하루는 즐거운 일상이다. 채 끝내지 못한 보고서를 마무리하고, 밤새 새로 도착한 메일에 회신을 하고, 이런저런 질문에 대답하기도 하고, 계획에 없던 새 업무를 수행하기도 한다. 동료들과 잡담도 하고, 가끔씩은 짧은 다과회를 하기도 한다. 회의실에서 떡볶이와 김밥으로 점심을 대신하며 동료의 생일 파티를 하기도 한다. 일상은 같은 것 같으면서도 언제나 새로운 하루하루다.

신입사원이 들어오면 기껍게 환영하고 일에 관련된 다양한 교육까지 새로운 식구를 챙긴다. 승진 인사가 있는 시기에는 약간의 긴장과 승진의 기쁨을 함께한다. 회사를 그만두는 사람이 있으면 이별을 안타까워한다. 평가를 받고, 평가를 한다. 상위 고과를 받기도 하고 평균이나 하위 고과를 받기도 하지만, 고과를 위해 사는 것이 아니므로 일희일비하지 않는다. 평가에 민감한 사람도 있지만, 이 또한 함께 살아가는 것이다. 익숙한 일을 반복하자니 지루하고 따분하기도 하지만, 잘생각해보면 어딘가에는 개선하고 발전시킬 부분이 있기 마련이다. 어려운 일을 새로 해내려면 힘도 들지만, 그래서 도전적이 되고 성취하고 발전한다. 상사와 맞지 않아 힘들기도 하다. 그러나 돌이켜보면 한순간이다. 결국 시간이 해결한다. 스스로 일을 마무리하든, 도움을 받아서 마무리하든 일은 마무리된다. 힘들다고 느끼기도 하지만, 한편으로는 그렇게 배운다.

늦게 퇴근하는 날은 무언가 이루어놓은 듯한 뿌듯함을 느낀다. 늦게까지 할 일이 없으면 서둘러서 퇴근한다. 어쩌다 한 번씩은 일과 관계없이 늦게 퇴근할 때도 있다. 그럴 수도 있다. 그런 것이 함께 사는 것이다. 퇴근 후에는 가족이 기다리는 집이 있고, 소주 한잔 약속이 기다리는 사람도 있고, 모처럼 동료들과 당구 한 게임 칠 약속이 기다리고 있기도 하다. 가끔 참석하고 싶지 않은 회식도 있지만, 싫은 일도 하면서 사는 것이 세상살이다. 매일 반복되는 편안한 일상을 반복하지만, 또 매일매일 다른 하루여서 좋은 일상을 우리는 산다.

하루를 무사히 보내고 잠자리에 들며 미래를 위한 하루가 갈무리된다. 속상한 일이 있었으면 속상해하고, 즐거운 일이 있었으면 즐거워하며, 특별한 일이 없었으면 없는 대로, 그렇게 하루를 마무리한다. 자고 일어나면 내일이 기다린다. 불필요한 것은 모두 버리고 필요한 것만 남긴 새로운 하루가 기다리고 있다.

CHAPTER 2

일하는
나는 누구인가

01
인간과 인공지능

인공지능 알파고가 세계 바둑 최강자 중 한 명인 이세돌 기사와의 대국에서 승리한 이후2016년 3월, 우리 사회에 인공지능 붐이 일고 있다. 인공지능이 대체할 직업 목록이 갑자기 회자되고, 인간의 뇌를 닮은 인공지능을 개발하겠다는 발표가 잇따랐다. 인공지능이 미래의 전부인 양 이야기하며 마치 금세 인공지능 세상이 될 것처럼 앞서가고 있다. 그러나 인공지능이 아무리 발달해도 이를 수 없는 인간의 경지가 있다. 죽기 때문에 사는 인공지능을 만들 수 없으며, 죽는 순간까지 매 순간 변화하는 인간의 감정을 인공적으로 만들 수는 없다. 인간의 의식 과정이 과학적으로 밝혀진다고 하더라도, 그 원인에 관계없이 인간이 느끼고, 인식하고, 생각한다는 사실, 그리고 그 모든 것들이 매 순간 변한다는 사실은 그대로다. 타인과 관계하며 살고, 영향을 주고받으며 산다는 사실은 변하지 않는다. 태어나고 성장하고 노화하고 죽는다는 사실은 변하지 않는다.

인공지능이 아무리 인간과 유사하게 개발되더라도, 스스로 죽어가지 않는다면 인간을 닮을 수 없다. 산고의 고통을 느낄 수 없다면 인간을 닮을 수 없고, 잉태하여 아기를 낳고 기르면서 엄마의 마음을 경험하지 않으면 인간을 닮을 수 없다. 명시적으로 표현할 수 있는 것 이상을 배울 수 없는 인공지능은, 인간을 닮을 수 없다. 스스로 아무것도 하지 못하는 유아기를 거쳐 성장하고, 성인이 되어가는 과정을 경험하지 않으면 인간을 닮을 수 없다. 70억 인구가 각자 가지고 있는 고유한 감정, 매 순간 변하는 정서적 감정을 배우기란 불가능하다. 때로는 논리적이지만 때로는 비논리적이며, 때로는 예측 가능하지만 때로는 예측 불가능한 인간을 배우기란 불가능하다. 죽음이 예정되어 있음을 알면서도 현재를 열심히 살아가는 인간의 정신을 배우기란 불가능할 것이다.

인간이 살아간다는 것은 단순히 생명을 유지하고, 지식을 쌓고, 과학기술을 발전시키고, 유용한 제품을 개발해서 풍요롭게 사는 것이 다가 아니다. 이런 것들도 중요하긴 하지만 어쩌면 매우 사소한 데 지나지 않는다. 갖추어지고 나면 아무것도 아닌 아주 작은 것이다. 우리가 의식하고 고민하고 누군가를 신뢰하고 의지하며 행복해하며 살아가는 의미는 그 위에 있다. 70억이 넘는 인류가 고유한 DNA를 가지고 있지만, 사람은 각자 개별적인 기억과 의식을 가지고 있다. 인간으로 묶여 있어 공통점도 많지만, 동시에 완전한 개별적 존재로 살아간다. 개별적 존재가 어떻게 느끼고 생각하고 상호반응하느냐에 따라 사회가 동작한다. 부모 자식 간의 애틋한 감정은 타인과의 감정에 비해 강하고, 형제 간의 우애 또한 타인과 공유되지 않는다. 타인의 감정을 배려하고, 타인의 감정에 영향을 받는 것이 인간이다. 이런 인간들이 살아가는 세상은 매 순간 변하며, 그래서 미래는 불확실하다. 인간은 그 불확실한 미래 때문에 번뇌하지만 그 덕분에 행복해하며 산다. 죽음이라는 정해진 미래가 있는데도 매일매일을 열심히 살아가는 것이다.

인간이 단지 주어진 일만 하고 기술 개발만 하는 존재라면 인공지능 논란에서 말하는 종말이 실제로 일어난다고 하더라도 슬퍼할 일도, 억울해할 일도 없다. 인간은 일하고 돈 벌고 명예를 쌓는 것만으로 살 수 있는 존재가 아니다. 그 외에 다른 것들이 있어서 삶이 의미 있다. 그래서 죽음이 예정되어 있어도 세상은 살 만한 것이다.

천하의 광거廣居에 거居하며, 천하의 정위正位에 입立하며, 천하의 대도大道를 행하노라! 뜻을 얻지 못하면 홀로라도 그 정도를 실천하노라! 부귀가 그를 타락시킬 수 없고, 빈천이 그를 비굴하게 만들지 못하며, 위무威武가 그를 굴복시키지 못하노라! 이런 사람들을 일컬어 비로소 대장부라 하는 것이다.

– 『맹자 사람의 길』 「등문공」 하 346쪽

02

충忠·서恕

    사람들이 너무 자기중심적으로 살아서 정이 없어지고 사회가 건조해진다고들 이야기한다. 과연 그런가? 오히려 각자 스스로의 삶을 살지 못해서 그런 게 아닐까? 개인들이 자기 삶을 충실히 살아가는데도, 세상이 배려심이나 정이 없는 곳으로 방치될 수 있을까?

    어느 시대 어느 곳에서도 사람들은 모두 자신을 중심으로 생각하고 살았다. 현대 사회가 과거에 비해 인정이 없어졌다는 것은, 세상이 복잡해지고 자신과 관계없는 것까지도 듣고 보고, 가까이 사는 이웃보다 멀리 떨어져 있는 누군가와 친분을 쌓는 등 살아가는 환경이 바뀌었기 때문이 아닐까? 우리나라는 불과 삼사십 년 전만 해도 다수가 농촌에 살았다. 접하는 사람도 제한적이었고, 교류하는 영역도 좁았으며,

장거리 이동이 쉽지 않았다. 반면 지금은 이웃사촌은 줄었지만, 자동차 사촌은 늘었다. 집 주변에서 생활하기보다 장거리 출퇴근을 하는 등 집에서 떨어진 곳에서 생활하는 경우가 많다. 도시에 정이 없다고 하면서도 차를 타고 떠난 휴양지에서 만나는 사람들과는 허물없이 교류한다. 멀리 떨어진 도시에 살고 있는 친구들을 만나고, 해외에 있는 친구도 만난다. 정이 없어졌다고는 하지만, 관계를 필요로 하지 않는 사람은 없으며 혼자 사는 사람도 없다.

우리는 모두 내가 잘되고 행복하기를 희망한다. 그렇게 되기 위해 노력해야 한다. 그것이 타인에게 해를 끼치는 행위를 의미하지 않는다. 오히려 자신에게 충실할 때 타인과도 공정하게 경쟁하게 된다. 경쟁에서 지면 속상해하고 다음에는 승리하겠다는 의지를 불태워야 한다. 다음 경기에서 승리하기 위해 최대한 노력하고 스스로를 발전시켜야 한다. 이것은 타인과의 무한 경쟁이 아니라, 자신의 삶에 대하여 스스로와 경쟁하는 것이다. 자신과의 경쟁에서 경쟁력은 공부만 하거나 생각만 한다고 높아지지 않는다. 사람과 관계를 잘 맺는다고 높아지는 것도 아니며, 의지만 불태운다고 높아지는 것도 아니다. 먼저 자신을 돌볼 수 있어야 한다. 그리고 자신에 대해서 냉정할 수 있어야 한다. 자신의 존재에 대한 본질을 볼 수 있어야 하며, 그 속에서 자신과 타자를 생각할 수 있어야 한다.

인간은 거의 항상 동료들의 도움을 필요로 하며, 게다가 그것을 그들의 자비심에만 기대한다면 그것은 헛수고이다. (…) 우리가 저녁 식사를 기대하는 것은, 푸줏간, 술집, 빵집의 자비심이 아니라, 그들 자신의 이해에 대한 배려이다.

— 『국부론』 27쪽

남을 위해 살겠다는 사람도 사실은 자신을 위해 사는 것이다. 다만 자신을 위한 삶이 남을 배려하면서 사는 삶이 된 것뿐이다. 남을 배려하면서도 스스로가 행복하지 않다면 그런 배려는 자신의 삶이 아니다. 그건 받는 사람에게도 편안함을 주지 못한다. 우리는 우선 자신을 바라보고 살아야 한다. 세상이 복잡할수록 자신의 존재에 대해 고민해야 한다. 스스로의 성공, 행복은 결과 이전에 과정에서 발견되고 정의되고 이루어진다. 자신의 삶을 살기 때문에 경쟁력 있게 발전하며, 스스로 성공하는 삶을 만들 수 있다. 그 성공은 사회 안에서 모두와 자연스럽게 연결될 수 있고, 관계로 연결된 타인에게까지 확대된다.

세상이 빠르게 변하면서 유행도 변하고, 책도 시류를 타고 다양한 형태로 출간된다. 그럼에도 불구하고 고전이라 불리면서 시류에 관계없이 읽히고 이야기되는 책들이 있다. 고리타분한 이야기로 느껴질 수 있고, 시대적으로 맞지 않는 내용도 있지만, 그럼에도 관계를 맺고 살아가는 우리 존재에 대한 본질적인 고찰을 담고 있기 때문에, 시대를 초월한 담론이 된다. 기술에 관련된 책들은 기술을 이해하고 익히고 나면 다시 보지 않아도 된다. 그러나 고전은 아니다. 읽을 때마다 새로운 깨우침을 준다. 책 읽기가 아니라 자신을 돌아보는 행위가 되고, 생각하는 기회가 되기 때문이다. 어딘가에 있는 정답을 찾아가는 과정이 아니라, 책을 읽는 사람 각자가 자신의 삶을 찾아가는 과정이기 때문이다. 책을 읽고 공부하는 것은 성인聖人이 되기 위한 것이 아니다. 스스로 어떻게 살지 방향을 찾는 것이다. 어떻게 해야 행복해지는지 깨닫는 것이다. 모두에게 들어맞는 정답을 찾는 게 아니라 자신에게 주어진 환경에서 자신에게 의미가 있는 자신만의 삶을 찾아가는 것이다.

모두가 행복을 찾고자 하지만, 모두에게 동일하게 적용되는 행복은 없다. 우리는 각자의 행복을 가지고 있다. 어떤 행복은 부모님을 위해 사는 것으로 결론이 날 수 있고, 어떤 행복은 자식을 위해 모든 것을 투자하는 것으로 결론이 날 수 있다. 전 세계 가난한 사람들을 위해 헌신하는 삶을 찾을 수도 있다. 기업의 경영자가 되어 세상을 더 살기 좋게 만들겠다는 결론에 도달할 수도 있고, 군인이나 경찰이 되어 국민이 안전하고 편안하게 살 수 있게 하는 데서 의미를 찾을 수도 있다. 어떤 것은 돈을, 또 어떤 것은 명예를, 어떤 것은 둘 다 줄 수도 있다. 어떤 것은 둘 다 충분히 주지 못할 수도 있다. 무엇을 선택하든 스스로의 삶을 사는 것이며, 그 속에서 의미 있고 행복한 삶을 살면 자신을 위한 최고의 인생을 사는 것이다. 그렇게 사는 인생은 나의 것이기도 하지만, 동시에 타인들과 함께하는 것이다. 우리 모두가 스스로를 위해 열심히 살고, 스스로의 행복을 찾을 때, 동시에 배려하는 삶이 되며 사회도 함께 행복해진다.

공자께서 말씀하셨다. "삼아! 나의 도는 하나로 관통된다." 증자는 "예"
하고 주저 없이 대답하였다. 공자께서 나가시자 문인들이 물었다. "무
슨 말씀이십니까?" 증자가 말하였다. "선생님의 도는 충忠과 서恕일 뿐
입니다.

- 『논어』「리인」편 61쪽

충忠은 가운데 중中에 마음 심心을 더한 글자이다. 유학에서 중은
인간의 본성인 인의예지仁義禮智가 어느 한쪽으로 치우치지 않고 중심
이 잡힌 상태를 의미한다고 한다. 그래서 충은 자신의 본성에 충실한
삶을 사는 것이다. 서恕는 타인을 나와 같이 여기는 마음이다. 자기가
바라지 않는 바를 타인에게 하지 않고 자신을 대하는 마음으로 타인을
헤아리는 것이다. 자신을 위한 삶과 타인에 대한 배려는 따로 있는 것
이 아니다. 자신을 바라보고 자신의 삶을 충실히 살 때, 스스로도 행복
하고, 타인도 배려하는 삶이 된다.

시세에 영합하면서도 겉으로만 점잖고 성실한 듯이 행동하여 순박한
마을 사람들에게서 인정을 받는 사람은 바로 덕을 해치는 사람이다.

- 『논어』「양화」편 193쪽

03

나 이상의 철학은 없다

나는 누구인가? 어떻게 살아야 하는가? 행복은 어디에 있는가? 우리 모두는 존재와 관련하여 스스로에게 질문한다. 이런 질문들에만 매달려 사는 것은 아니지만, 그렇다고 여기로부터 떠나서 살지도 못한다. 철학자들만이 이런 질문들에 답하고자 노력하는 것은 아니다. 평범한 사람들도 각자의 삶 속에서 이런 질문들에 대답하려고 한다. 그래서 책을 읽기도 하고 강의를 듣기도 하며, 혼자 생각하기도 한다. 실제로 답이 있는지 여부에 관계없이, 답을 찾고자 하는 노력은 생명과 함께하는 삶의 한 부분이다.

책을 많이 읽으면 대답을 찾을 수 있을까? 현인을 만나면 대답을 얻을 수 있을까? 모든 사람에게 적합한 대답이 어딘가에 있기는 한 걸까? 많은 사람들이 어디에 있을지 모르는 대답을 찾기 위해 노력한다. 그러나 내가 누구인지는 아무도 대답해주지 않는다. 스스로 생각할 수 있는 것 이상도 이하도 아니다. 삶은 이론으로 설명하고 만들 수 있는 것이 아닌, 항상 변화하며 불확실한 미래로 나아가는 현재의 연속이다. 잘 풀어 쓰는 이야기가 아닌 하루하루 살아가며 느끼는 것이다. 미리 쓰인 각본대로 찍는 영화가 아니라, 큰 주제 아래 순간순간의 상황에 임기응변하면서 만들어지는 일일극이다. 배우가 여럿 등장하지만, 그 속에서 개인은 누구와 바꿀 수도 없고, 비교해서도 안 되는, 자신만의 개성과 자신만의 방식으로 자신만의 이야기를 만들어가는 존재다. 그 역할은 다른 누군가가 대신할 수 없고 이해할 수도 없는, 온전히 자신에게만 속하는 것이다.

내가 누구인지는 나조차도 설명할 수 없는, 매 순간 내면으로부터 일어나는 느낌이며, 순간이며, 삶은 그 순간들로 만들어지는 이야기다. 매 순간 자신에 충실하더라도, 미리 계획하지 않은 순간의 연속으로 만들어지는 탓에 항상 되돌아보게 되고 또 반성하게 되는 것이 삶이다. 그리고 그 반성하는 삶에서 느끼고 배우고 생각하고 깨닫는 것이 철학이다. 형이상학을 공부한다고 해서 왜 태어났는지를 알게 되는 것은 아니다. 윤리학을 공부한다고 해서 더 도덕적인 삶을 사는 것도 아니고 윤리학을 공부하지 않는다고 해서 비도덕적 삶이 되는 것도 아니다. 자신만을 생각한 행동을 뒤돌아보면 어딘가 허허롭지만 누군가를 위한 행동에서는 충만감을 느끼는 것이 삶이다. 우리는 이런 모든 것들을 태어나고 자라는 과정에서 배운다. 엄마 젖을 빨며 느끼고, 말을 배우며 체득한다. 친구들과 놀이하며 느끼고, 교육을 통해서도 배운다. 관계 속에서 느끼고, 혼자 생각하며 깨우친다. 독립적인 삶을 살면서 스스로의 것이 된다. 지금 대답을 찾고자 고민하고 있다면, 그 자체가 스스로를 세우는 것이며, 자기만의 이야기를 쓰고 있는 셈이다. 철학은 어디 멀리 있는 것이 아니라 자신의 삶 속에 있다. 누군가로부터 배우는 것이 아니라, 스스로 찾는 것이다.

철학한다는 것은 동물적인 순간순간의 감각이나 감정에 의지하지 않고, 이성적으로 생각하고 판단하며 자신을 찾고 그 가치에 맞게 사는 것이다. 어딘가에 객관적인 정답이 있는 것이 아니라 스스로의 삶 속에서, 사회 속에서, 관계 속에서, 일에서 스스로 찾고 체득하는 스스로의 것이다.

동서양을 막론하고 소수의 사람들만이 글을 읽고 쓰고 책을 구할 수 있던 시대가 있었다. 그러나 21세기를 사는 우리는 과거에 그 소수가 접하던 것보다 훨씬 많은 것을 보고 배우며 성장한다. 철학이 다루는 것들도 예외가 아니다. 우리 모두는 어쩌면 너무 많이 배웠는지도 모른다. 그러고도 계속해서 더 배워야 한다고 생각하고, 밖에서 대답을 찾으려 헤매니 말이다. 밖에서 배웠으면 안에서도 찾아보아야 한다. 그 안에 철학이 있고 삶이 있다. 자신만의 가치가 있고, 자신만이 꾸려갈 수 있는 미래가 있다. 매 순간 그 가치와 미래의 기대에 비추어 현재를 반성하고, 삶의 의미를 생각하는 모두가 스스로 철학자이다.

소크라테스: 잠시 전에 우리는 다음과 같이 말하지 않았던가? 혼이 무엇을 고찰하기 위해 시각이나 청각이나 그 밖의 다른 감각기관을 통하여 몸을 이용할 때는, 혼이 몸에 의해 수시로 변하는 것의 영역으로 끌려들어가서 그런 종류의 사물들과 접촉함으로써 마치 술 취한 사람처럼 어질어질 정신을 차리지 못하고 길을 잃고 헤맨다고 말일세! 그러나 혼이 혼자서 고찰할 때는 순수하고 항상 존재하고 죽지 않고 변하지 않는 것의 영역으로 건너가서 이런 것과 동류인 까닭에 혼자 있거나, 혼자 있을 수 있을 때마다 늘 이런 것과 함께한다네. 그러면 혼은 헤매기를 멈추고는 동류의 것과 접촉함으로써 변함없이 항상 같은 상태에 머무른다네. 그리고 혼의 이런 상태가 지혜라고 불리겠지?

－『소크라테스의 변론/크리톤/파이돈/향연』 플라톤 지음, 천병희 옮김, 숲, 2012 154쪽

　가끔씩 혼자 있을 때, 예상하지 못한 어려움에 부딪혔을 때, 낭패스러운 상황을 맞이했을 때, 소중한 사람이 떠났을 때, 무수한 별들로 가득 찬 밤하늘을 올려다 볼 때, 과음한 다음 날 심한 숙취에 시달릴 때, 하기 싫은 일을 억지로 해야 할 때, 싫은 사람 앞에서 억지로 웃어야 할 때, 아이들이 재롱 피우는 것을 보며 웃을 때, 누군가가 잘나 보이거나 또는 너무 못나 보일 때, 지구 어딘가에서 서로 죽고 죽이는 전쟁 소식을 들었을 때, 아침 일찍 출근하고 밤늦게 퇴근하는 일상을 반복하다 출근하지 않은 어느 평일 낮에 동네를 바라볼 때, 어떤 생각을 하고 어떤 질문을 던지는가?

광대하게 펼쳐진 우주에서 나의 존재란 무엇인가 하는 막연한 질문을 해보았을 것이다. 해맑은 아이들을 보면서 사랑과 평화를 느끼다가도, 어느 순간 저 아이들도 나이 들면 삶을 고민하겠지 하는 쓸데없는 걱정을 해보기도 했을 것이다. 내가 힘들고 어려울 때는 언제나 같은 자리에서 힘이 되어주시는 부모님이 언젠가는 죽음을 맞이하게 될 것이라는 생각을 하며, 산다는 것이 무엇인가 하는 우울한 생각을 해보았을 것이다. 어려운 환경에서도 다른 누군가를 위해 희생하는 사람들을 보며, 나도 저렇게 살고 싶다는 가슴 따뜻한 생각을 해보았을 것이다. 차마 사람이라면 할 수 없을 인류 범죄를 접할 때면 분노가 솟구쳐 오르는 경험을 하며 인간의 도리를 생각해보기도 했을 것이다.

먹고, 움직이고, 일하고, 잠자는 일상은 항상 반복되며 삶의 대부분을 차지하는데도 특별히 인식하지 않고 지나간다. 대신 나는 누구인가? 산다는 것은 무엇인가? 어떻게 살 것인가 하는, 대답이 있을지 없을지 모르는 질문들에 고민하고, 힘들어하면서도 끝없이 그런 질문을 되된다. 누구에게 어떤 질문을 해야 나를 찾을 수 있을까? 답은 가까이 있고 분명해 보이는데, 잘 모르는 어딘가에서 답을 찾으려 헤매는 것이 아닐까? 우리 모두가 아름답고 행복한 세상을 살고 있는데, 스스로를 힘들게 하며 살고 있는 것은 아닐까?

수주양수는 마곡보철의 제자이다. '오등회원' 송대에 발간된 다섯 가지 선종사서(禪宗史書)를 압축한 선종의 통사(通史) 권4에 따르면, 수주양수가 마곡보철을 만나러 갔는데, 마곡은 그가 오는 것을 보고 얼른 호미를 들고 나가서 풀을 맸다. 양수가 마곡이 풀을 매는 곳까지 갔지만 마곡은 전혀 돌아보지도 않고 다시 방장으로 들어가 문을 닫았다. 다음 날 양수가 다시 마곡을 찾아갔으나 마곡은 또 다시 문을 닫아걸었다. 양수가 문을 두드리자 마곡이 물었다.

"누구냐?"

양수가 대답했다.

"양수입니다."

그 순간 양수는 크게 깨달았다. 마곡 역시 그가 깨달았음을 알고 대중들에게 말했다. "너희들이 아는 곳은 양수가 모두 알고, 너희들이 모르는 곳도 양수는 안다."

- 『이중톈, 사람을 말하다』 이중톈, 중앙북스, 2013 402쪽

크리톤: 여보게 소크라테스, 지금이라도 내 말대로 목숨을 구하도록 하게! 자네가 죽으면 내가 당할 불행이 한 가지가 아닐세. 나는 두 번 다시는 구하지 못할 친구를 잃을 뿐 아니라, 자네와 나를 잘 모르는 사람들은 대부분 내가 돈을 썼더라면 자네를 구할 수 있었을 텐데 그렇게 하지 않았다고 생각할 테니 말일세. 친구보다 돈을 더 귀히 여긴다는 평판보다 더 수치스러운 일이 어디 있겠나? 대부분의 사람들은 우리가 권했는데도 자네 자신이 이곳을 떠나려 하지 않았다고는 믿지 않을 테니 말일세.

소크라테스: 그렇지만 여보게 크리톤, 우리가 왜 대중의 생각에 그토록 신경을 써야 하나? 우리가 더 염두에 두어야 할 지각 있는 사람들은 대부분 실제로 일어난 그대로를 믿을 걸세.

크리톤: 하지만 소크라테스, 자네도 보다시피 우리는 대중의 의견에도 신경을 쓰지 않을 수 없네. 누가 대중에게 모함당하면 대중이 그에게 최소의 해악이 아니라 어쩌면 최대의 해악을 끼칠 수 있다는 것을 지금 자네가 당하고 있는 고통이 보여주지 않는가!

소크라테스: 크리톤, 나는 대중이 최대의 해악을 끼칠 수 있었으면 좋겠네. 그러면 그들이 최대의 선도 행할 수 있을 테니까. 그랬으면 좋으련만. 하지만 그들은 실은 어느 쪽도 할 수 없어. 그들은 사람을 지혜롭게도 어리석게도 만들 수 없고, 그때그때 되는 대로 할 뿐일세.

– 『소크라테스의 변론/크리톤/파이돈/향연』 77쪽

04

무명無名 · 유명有名

2014년에 개봉한 《루시》라는 영화가 있다. 세 명의 주요 인물들이 마약을 매개로 하여 이끄는 영화인데, 대강의 내용은 이렇다. 루시스칼렛 요한슨 분와 다른 관광객 세 명이 어느 도시에서 미스터 장최민식 분이 이끄는 마약 조직에 납치된다. 목적은 이들을 이용해 새로 개발한 마약을 운반하는 것이다. 납치된 사람들은 배를 가르고 포장된 마약 봉투를 배 안에 넣는 수술을 받는다. 루시도 동일한 수술을 받고 운반 날짜를 기다리며 갇혀 있는데, 조직원 중 한 명이 루시에게 성폭행을 시도하자 루시는 반항한다. 이 과정에서 조직원이 루시의 배를 발로 차서 그 충격으로 배 속 마약 봉투가 터져 마약 성분이 루시의 몸에 퍼진다. 그러자 루시는 두려움이 없어지고 육체적으로 강해지는 등 초능력을 갖게 된다. 택시 안에서 길가에 있는 사람들의 통화 소리를 들을 수 있게 되고, 안광으로 동물을 조종할 수도 있다. 많은 자료들을 순식간에 읽고 기억하기도 한다. 루시는 자신에게 일어나고 있는 이런 현상의 원인을 찾다가 뇌 전문가인 노먼에게 자신의 경험을 털어놓는다. 노먼은 뇌 사용량이 늘어나면 인간의 능력이 어떻게 향상되는지에 대한 자신의 가설과 루시의 경험이 일치함을 알게 된다. 마약 조직이 루시의 배에 감추어 운반하려고 했던 마약 성분은 임신 6주차에 다량 분비되는 물질이며, 루시에게 초인적인 능력이 생긴 것은 이 물질을 흡수하여 뇌 사용량의 확대되었기 때문이었다. 루시는 자신이 갖게 된 능력이 당황스러워 노먼에게 어떻게 해야 할지 묻는다. 노먼은 모든 세포들이 스스로 터득한 것들을 유전자를 통하여 후손에게 전달하듯이 루시도 무한한 지식을 전달하라고 대답한다. 그 후 루시는 다른 두 명의 마약 운반자가 운반 중이던 마약까지 모두 뺏어서 복용하고 뇌 사용량이 100%에 이른다. 그러자 우주 탄생부터 현재까지 쌓인 모든 것을 노먼인류에게 남기고, 자신은 시간을 거슬러 빅뱅 이전 태초의 한 점이 되면서 영화는 끝이 난다.

영화는 루시가 초인적인 능력을 갖게 되는 과정, 그리고 그 능력을 이용하는 공상 과학적인 상상력, 마약 조직과의 싸움 등을 액션물로 보여준다. 그러나 감독이 전달하고자 했던 숨은 이야기는 인간이 무한한 잠재력을 가진 존재라는 점이 아니었을까? 우리는 어느 한 순간, 하나의 모습으로 한정되는 존재가 아니라, 태초의 우주 탄생 시점부터 현재까지 쌓인 모든 지식과 빼어남을 전달받은 무한한 잠재력을 가진 존재라는 것이 아니었을까?

　나는 왜 존재하는가 하고 물으면 어리석은 질문이라고 했다. 태어나고 싶다고 태어날 수 있는 것도 아니고, 태어나기 싫다고 되돌릴 수도 없다. 어머니 아버지가 있었고, 어머니 아버지의 어머니 아버지가 있었고, 그 전에 또 어머니 아버지들이 있었다. 내가 태어날 수도 있었고 태어나지 않을 수도 있었지만, 나는 태어났고, 어머니 아버지들이 시간과 함께 쌓아온 것들을 물려받아서 살고 있다.

도를 도라고 부르면 더 이상 도가 아니다. 이름을 이름으로 부르면 더 이상 그 이름이 아니다. 道可道非常道, 名可名非常名

— 『노자』 1장

　노자에서 도는 세상 모든 것을 운행하는 보이지 않는 원리를 의미한다. 세상을 운행하는 원리인 도는 끊임없이 변화하는 자연과 함께 스스로도 쉼 없이 변화한다. 따라서 도를 도라고 부르면 어떤 특정한 것으로 정의되어 더 이상 쉼 없이 변화하는 도가 아니게 된다. 무한한 가능성에서 특정한 것으로 한정되는 것이다. 이름도 마찬가지다. 만물은 자신만의 본성을 가지고 있고, 매 순간 흘러가는 자연에 맞춰 변화하며 대응한다. 이런 것에 어떤 이름을 부여하는 순간, 그 이름은 더 이상 본질이 아니라, 붙여진 이름의 속성으로 한정되어서 무한한 가능성을 의미할 수 없다. 사람도 그렇다. 어떤 이름으로 불리는 사람은 더 이상 그 이름으로 불리는 사람이 아니다. A라는 사람이 있다고 하자. 그러나 그 사람을 A라고 부르는 순간, 그는 A라는 이름으로 한정되어 A의 본질을 의미하지 못하게 된다. A라는 사람이 있을 때 그 A를 이름 붙이지 않고 있는 그대로 두면 A는 어떤 제한도 없이 끊임없이 변할 수 있는 가능체이지만, A라는 이름으로 불리게 되면 외모가 어떻고, 어느 학교를 나왔고, 나이는 몇 살이며, 어떤 회사에 다니고, 어떤 차를 타고, 성격이 어떻고 등등 객관적, 주관적으로 보이는 A로 한정된다. 그러나 A라고 불리는 사람은 그렇게 한정되는 존재가 아니다. 마찬가지로 우리 모두는 특정하게 한정되는 존재가 아니라 모든 가능성을 가진 열려 있는 존재이며, 계속해서 새롭게 변화하고 발전해나가는 가능체이다.

공자께서 말씀하셨다. "군자는 그릇처럼 한 가지 기능에만 한정된 사람이 아니다. 君子不器"

— 『논어』「위정」편

이름 없음은 천지의 시작이고, 이름 있음은 만물의 어머니다. 無名天地之始 有名萬物之母

— 『노자』1장

이름이 없다는 것은 이름이 없지만 없다는 것이 아니다. 이름이 없어서 본연이 있다는 것이다. 이름이 없다는 것은 이름 지워지는 것이 이름 지워질 수 있고, 그래서 존재할 수 있게 하는 근본이며, 특정한 것으로 한정되지 않고 어떤 상황에도 변화하며 대응할 준비가 되어 있는 가능체라는 뜻이다. 존재하는 인간 각자가 그렇게 무명이며, 무명일 때 완전하며, 무명일 때 평화로우며, 무명일 때 안정되며, 무명일 때 새로운 움직임을 위한 에너지가 축적된다. 무명이기 때문에 어떤 상황이 발생해도 본성에 맞추어 대응할 수 있다. 우리 모두는 어떤 특정한 것으로 한정되지 않으며無名, 어떤 상황에도 대응할 수 있는 가능체다. 우리는 무수히 많은 존재하는 것들과 함께 살아간다. 이 존재들은 우리가 어떤 것이 '있다'고 말할 때 의미하는 '어떤 곳에 어떤 형태로 있는 것'을 의미한다. 그런데 있다고 말하는 그 모든 존재들이 정말 존재하는가? 내가 의미를 부여하지 않아도이름 지어주지 않아도 있는 것인가? 눈에 보인다고 보는 것인가? 귀에 들린다고 듣는 것인가? 세상에 존재하는 것有에 내가 의미를 부여하지 않아도 그것이 존재하는가? 우리 눈의 망막에는 비치는 모든 것들의 상이 맺힌다. 그러나 그중 스스로가 의미를 부여한 것만 인식한다. 귀에는 지나가는 모든 소리가 닿는다. 그러나 그중 스스로가 의미를 부여한 것만 듣는다.

천지가 거기에 있지만, 나는 독립된 존재로 살며, 나에게 의미가 있는 존재는 내가 가치를 부여하고 이름을 부여해서有名 존재한다. 그 존재가 원래 무엇이었는지에 관계없이 내가 부여하는 의미를 가진 존재가 된다. 내가 의미를 부여하지 않는 존재들은 존재하지만 존재하지 않는 것이다. 이렇게 우리 모두는 스스로 선택하고, 가치를 부여하면서 독자적인 삶을 살도록 운명 지어진 존재이다. 본성에 기반하지만, 오로지 자신에게만 주어진 환경에서 스스로를 찾고, 공부하고, 맞추고, 발현하며 자신의 삶을 살아야 하는 존재이다. 데카르트는 "나는 생각한다. 고로 존재한다"라는 말로 생각하고 질문하는 자신의 존재 외에는 아무것도 확실한 것이 없음을 이야기했다. 존재에 대한 질문을 던지면서 생각하는 '나'는 자연 속에서 운명처럼 태어났지만, 데카르트의 말을 빌리면 그 생각하는 '나'는 확실하게 존재하는 유일한 것이다. 나의 삶은 유일하게 확실한 존재인 내가 스스로 만들어가는 것이다. 나머지는 모두 그런 내가 선택하고, 이름을 부여할 때 존재한다.

공자께서 말씀하셨다. "비유하자면 산을 쌓다가 한 삼태기의 흙이 모자라는 상황에서 그만두었다 하더라도 그것은 내가 그만둔 것이다. 또한 비유하자면 땅을 평평하게 하기 위해 한 삼태기의 흙을 갖다 부었어도 일이 진전되었다면 그것은 내가 진보한 것이다."

－『논어』「자한」편 110쪽

유학에서 태극은 우주의 궁극적인 원리이며 진리라고 한다. 모든 사물은 각각의 태극을 가지며, 사람은 그중 빼어난 것을 얻어서 가장 영묘하며, 순수하고 지선한 본성을 가진다고 한다. 그 순수하고 지선한 본성을 잘 찾아 이해하고 본성이 이끄는 데 맞추어 균형 잡힌 삶을 사는 것이 인간이 갈 길이고, 행복을 얻는 길이라고 가르친다. 인간이라면 누구나 가지고 있는 본성을 바탕으로 각자 처한 상황에서 존재 가치를 깨닫고, 만들고, 그래서 자신의 삶을 살라고 가르친다. 내가 하는 일, 관계하는 사람, 모두 내가 가치와 의미를 부여한 존재들이다. 지금 나를 둘러싸고 있는 모든 것들은 온전히 나의 것이며, 내가 책임져야 하는 것이며, 내가 하고자 하는 대로 나아간다.

남들의 사랑을 받는다는 것은 분명 기쁜 일이지만 이것이 자부심의 근원일 수는 없다. 답은 오직 자신 안에서 찾을 수 있다. 자부심의 근원이 실제로 자신 안에 존재한다면, 그것을 찾는 것은 오로지 개인의 임무여야 한다.

－『무엇이 탁월한 삶인가』리처드 테일러 지음, 홍선영 옮김, 마디, 2014 44쪽

05
나는 누구인가

소크라테스를 통해 유명해진 고대 격언 "너 자신을 알라"라는 말은 익숙하다. 그런데 너 자신을 알라니, 무엇을 알라는 것일까? "너 자신"에 대한 현대인의 이해는 소크라테스가 살던 시대 사람들의 것과 그다지 차이가 없어 보인다. 차이가 있다면 과학기술이 발전했고, 사회가 복잡해졌고, 사람들이 하는 일이 달라졌고, 정치제도가 변했고, 모두가 기본적인 교육을 받아서 글을 읽고 쓸 수 있게 되었으며, 더 많은 정보를 접하고 더 많은 곳을 여행하게 되는 등 육체적·사회적 활동 형태에 변화가 있었다는 점이다. 의식주 형태가 달라졌으나, 생존의 기본 조건이라는 본질은 변하지 않았다. 과거엔 육체노동이 사회활동의 대부분이었던 데 비해 현대 사회에는 정신노동을 포함한 다양한 형태로 변했으나, 경제 활동의 결과로 의식주를 해결한다는 데에는 변함이 없다. 좀 더 튼튼하고 편리한 집에 거주하고, 좀 더 안전하고 깨끗하게 요리한 음식을 먹고, 좀 더 세련되고 날씨에 적합한 옷을 입어도, 그것이 "너 자신을 알라"라는 말에 근접하게 해주지는 않는다. 오히려 존재에 대한 질문과 고민은 계속해서 커지기만 한다. "너 자신"은 어떤 존재인가?

인간으로 공통적이며,
나로 개별적인 존재

—   '나는 누구인가?'라는 질문은 두 가지 의미를 포함한다. 하나는 인간 보편적인 특징을 말하는 '인간은 어떤 존재인가?' 하는 질문이며, 나머지 하나는 '그 보편성을 가지고 살아가는 개인은 누구인가?' 하는 나의 존재에 대한 질문이다. 많은 철학자들이 인간만이 가지는 보편적 특징을 정의하고자 했다. 인간은 사회적 동물이다, 인간은 도덕적 동물이다, 인간은 생각하는 갈대다 등 여러 가지 정의가 있다. 그러나 인간을 설명하고자 하는 이런 시도들이 '나는 누구인가?'라는 질문에 답을 주지는 않는다. 모든 인간이 보편적으로 이야기할 수 있는 본성을 가지고 있더라도, 개인이 살아가는 환경이 동일한 경우는 없다. 따라서 개인이 처한 고유한 환경에서 발현되는 본성은 개별적이며 독립적일 수밖에 없다.

이렇게 개별적이며 독립적인 존재가 '나는 누구인가?'라는 질문에 답을 찾고자 한다면, 각자 고유한 환경에서 보편적 본성을 어떻게 발현하고 보편적 가치를 어떻게 실현하고자 하는지 고민하고 성찰해야 한다. 어떤 일을 하며 살아가는가에 관계없이, 모두가 지향하는 삶의 목표가 있는 동시에, 그 목표를 찾아가는 개별적인 삶이 있다. 행복하다는 느낌은 본성의 충실한 발현에서 오겠지만, 그 본성의 발현은 개인적인 삶에서 온다. 모두가 행복을 추구하고, 모두가 편안하고 만족스러울 때 행복을 느끼지만, 행복의 구체성은 독자적이다. 우리 모두는 인간으로 공통적이면서, 동시에 나로서 개별적인 존재이다.

하늘이 명한 것 하늘로부터 받은 것을 본성性이라 하고, 본성을 따르는 것을 도道라 하며, 그것을 찾아 닦는 것을 가르침敎이라 한다. 天命之謂性, 率性之謂道, 修道之謂敎

                       -『중용』1장

인의예지仁義禮智 라 하는 것은 밖으로부터 나에게 덮어씌워지는 것이 아니라, 내가 본래적으로 가지고 있는 것이다. 단지 그것을 사람들이 자각하지 않고 있을 뿐이다. 그러므로 나는 말한다. 그대가 갈구하면 할수록 얻어지는 것이요, 그대가 방치하고 버리면 사라지고 마는 것이다.

              -『맹자 사람의 길』「고자」상 621쪽

"그렇다면 인간이란 무엇인지 내게 말할 수 있겠느냐?" "인간이란 이성적 동물이며 반드시 죽어야 할 동물이라는 것을 제가 알고 있는지 어떤지를 물으시는 것입니까? 저는 그것을 잘 알고 있으며 저 또한 그런 동물이라는 것을 인정합니다." "너는 너 자신이 그 이상의 존재가 아니라는 것을 확신하느냐?" "물론입니다." "그렇다면 너는 이제 네 병의 가장 큰 원인을 알겠구나. 너의 병의 가장 큰 원인은 네가 너의 참된 본질을 잊어버렸다는 것이다." "인식되는 모든 사물들은 그 사물 자체의 성질에 따라 이해되는 것이 아니라 그 사물을 인식하는 사람의 인식 능력에 따라 이해되는 것이다."

— 『철학의 위안』 보에티우스 지음, 박명덕 옮김, 육문사, 2011 50쪽

성선性善의 보편성을 가진 존재

━━

맹자께서 말씀하셨다: "사람이라면 누구든지 사람에게 차마 어찌지 못하는 마음을 가지고 있다. (…) 생각해보자! 지금 어떤 사람이 여기 돌연히 아무것도 모르는 어린아이가 우물을 향해 엉금엉금 기어가고 있는 것을 목격했다고 하자! 인간이라면 누구든지 그 순간 가슴이 철렁 내려앉으면서 측은한 마음이 엄습할 것이다. 그리고 구하려고 달려갈 것이다. 이것은 그 아이의 부모와 좋은 인연을 맺기 위한 것도 아닐 것

이요, 동네 사람들이나 친구들에게 칭찬을 듣기 위함도 아닐 것이요, 구하지 못했다고 욕을 먹을까 봐 두려워서 달려간 것이 아닐 것이다. 이것은 이해득실을 가려서 한 행동이 아니요, 인간이기 때문에 인간에게 차마 어쩌지 못하는 마음 때문에 무조건적으로 움직인 것이다. 이로 미루어 생각해본다면 측은지심이 없으면 사람이 아니요, 수오지심이 없으면 사람이 아니요, 사양지심이 없으면 사람이 아니요, 시비지심이 없으면 사람이 아니다. 측은지심은 인仁의 단이요, 수오지심은 의義의 단이요, 사양지심은 예禮의 단이요, 시비지심은 지智의 단이다. 사람이 누구든지 이 네 단서를 가지고 있다고 하는 것은 사람이 두 팔, 두 다리 사체를 가지고 있는 것과도 같다."

– 『맹자 사람의 길』 「공손추」 상 253쪽

위의 이야기가 공자, 맹자의 말씀이어서가 아니라, 스스로를 돌아볼 때 고개가 끄덕여진다면 순수하고 선한 본성을 가지고 있는 것인지도 모른다. 아무것도 모르는 어린아이가 위험한 상황에 처했을 때 도와주고 싶은 마음이 생기는 것은 이성적으로 따져서 나오는 결론이 아니다. 미리 예정되어 일어나는 일도 아니며, 예상치 못한 순간에 발생한 사건에 대해서 순간적으로 무의식적으로 발현되어 나타나는 현상이다. 의는 어떤가? 주변에서 정의롭지 못한 일을 보거나, 옳지 못한 일들이 일어나고 있음을 뉴스를 통해 들을 때, 자기도 모르게 어떤 감정이 솟아나지 않는가? 정의롭지 못한 것을 보고 바로잡아야 한다고 느끼는 감정, 잘못된 것을 보고 잘못되었다고 판단하는 마음을 우리 모두가 가지고 있다.

맹자께서 말씀하셨다. "물론 인간의 성에는 불선不善한 측면이 있는 것처럼 보일 수도 있기 때문에 다양한 학설이 생겨날 수밖에 없다. 그러나 그 본래적 정감의 바탕으로 돌아가서 생각해보면 인간은 누구든지 선善을 실천할 수 있다는 것이다. 이것이 바로 내가 성선性善을 주장하는 근거이다. 그렇다면 사람들은 이렇게 말할 것이다. 인간은 명백하게 불선한 행동을 하지 않느냐고. 그러나 그것은 원래 성의 자질의 죄는 아니다. 외물에 이끌리어 일시적으로 잘못된 것일 뿐이다."

– 『맹자 사람의 길』「고자」상 620쪽

인간이 아무리 이기적selfish인 존재라 하더라도, 그 천성principles에는 분명히 이와 상반되는 몇 가지가 존재한다. 이 천성으로 인하여 인간은 타인의 운명에 관심을 가지게 되며, 단지 그것을 바라보는 즐거움 밖에는 아무것도 얻을 수 없다고 하더라도 타인의 행복을 필요로 한다. 연민Pity과 동정심compassion이 이런 종류의 천성에 속한다. 이것은 타인의 고통을 보거나 또는 그것을 아주 생생하게 느낄 때 우리가 느끼는 종류의 감정이다. 우리가 타인의 슬픔을 보고 흔히 슬픔을 느끼게 되는 것은 그것을 증명하기 위해 예를 들 필요조차 없는 명백한 사실이다. 왜냐하면 이런 감정은 인간의 본성 중의 기타 모든 원시적인

감정들과 마찬가지로, 결코 도덕적이고 인자한 사람에게만 있는 것은
아니기 때문이다.

– 『도덕감정론』 애덤 스미스 지음, 박세일, 민경국 공역, 비봉출판사, 2009 3쪽

만약 인간이 소망하는 것이 사는 것보다 더 간절한 것이 아무것도 없
다고 한다면, 무릇 인간은 살기 위해서 못하는 짓이 없을 것이다. 만약
인간이 싫어하는 것이 죽는 것보다도 더 극심한 것이 아무것도 없다고
한다면, 무릇 인간은 죽음의 환난을 피하기 위하여 못하는 짓이 없을
것이다. 그러나 인간은 실제로 이렇게 하면 살 수 있다고 하는 것을 잘
알면서도 그렇게 하지 않을 경우가 있고, 이렇게 하면 환난을 피할 수
있다는 것을 잘 알면서도 그렇게 하지 않을 경우가 있다. 이것이야말
로 현실적인 인간의 위대함이다.

– 『맹자 사람의 길』「고자」 상 635쪽

　　인간은 태어나서 일정 기간 동안 생명 유지를 위한 기본 활동 외에
는 스스로 할 수 있는 것이 아무것도 없다. 엄마의 젖으로 영양분을 공
급받아야 하며, 배설을 스스로 통제하지도 못한다. 태어나서 최초의 삶
에서는 엄마의 보살핌이 전부다. 인간이 느끼는 최초의 감각, 감정, 기
억은 모두 엄마라는 단어로 통칭할 수 있는 사랑일 것이다. 비록 사랑
이 무엇인지는 많은 시간이 흐른 후에 알게 되겠지만, 태어나서 그 상
태에 이르기까지의 모든 경험은 누군가로부터 도움을 받고, 성장하는

것이다. 이를 어떤 형태로든 기억하고 성장한 후 인간은 사랑의 기억을 기반으로 배려하고 사랑하며 배려받고 사랑받으며 사는 존재인지도 모른다.

언젠가는 과학이 인간의 본성을 이론적으로 설명해줄지도 모르지만, 그에 관계없이 우리 모두는 순수하고 선한 본성이라고 해석할 수 있는 일들을 삶에서 경험한다. 스스로 발현하고 또 타인에 의해 발현되는 것을 경험한다. 우리 모두는 성선 性善을 타고났고, 성선 性善을 쌓아가는 존재들이다. 그래서 성선을 향해 살아야 행복할 수 있고, 성선을 위해 사는 존재들이다.

무제한의 자유와 책임을 가진
주체적 개별 존재

▬▬▬   거울을 보면 머리, 몸통과 팔다리가 있고, 얼굴에는 눈, 코, 입이 있는 내가 있다. 다른 동물과 구별되는 사람의 모습을 하고 있고, 사람의 모습을 가진 수십억 인구 중에서 나와 동일한 모습을 가진 이는 없다. 그 안에는 오로지 '나'인 내가 있다. 그럼에도 우리는 질문한다. '나는 누구인가?' 눈으로 보고 귀로 듣고 감각으로 느끼면서, 살아서 존재하고 있음을 알고 있는데도 질문을 던진다. 아무도 대답하거나 증명할 수 없는 형이상학적 질문이지만, 이런 질문을 던지는 우

리 모두는 자신의 존재는 육체만이 아니라는 것을 이미 알고 있다. 감각으로 육체적 쾌락을 느끼거나 많은 사람들에게 존경받고 높은 명예나 부를 쌓아도, 그것이 자신이 아니라는 것을 알고 있다. 쾌락이나 부, 명예가 아닌, 그 이상의 자신을 찾으려 하는 것이다. '나'를 찾으면 자신이 진정으로 만족하고 행복한 삶에 좀 더 가까이 다가가게 될 것을 알고 있기 때문이다. 소크라테스가 "너 자신을 알라"라고 한 것은, 감각으로 느끼고 반응하는 육체인 내가 아니라 그 이상의 무엇인 '자신'을 알라고 한 것이다.

마음은 몸의 주재主宰이다.

— 『성학십도』 이황, 이광호 옮김, 홍익, 2012 104쪽

마음은 성性을 통회하므로 인의예지를 성이라 하고, 또는 인의仁義의 마음이란 말도 있게 되었다. 마음은 정情을 통회하므로 측은, 수오, 사양, 시비를 정이라 하고, 또 측은한 마음이니 수오, 사양, 시비의 마음이니 하는 말도 있게 되었다.

(…)

사단의 정은 이가 발하여 기가 따르니 본래 순선하여 악이 없습니다. 반드시 이의 발함이 온전하게 이루어지기 전에 기에 가리워진 뒤에 유실되어 선하지 않게 됩니다. 일곱 가지 정은 기가 발하여 이가 타는 것이니, 역시 선하지 않음이 없습니다. 만일 기가 발하는 것이 절도에 맞

지 못하여 이를 멸하게 되면 방탕해서 악이 됩니다.

－『성학십도』 88, 91쪽

나는 생각한다. 그러므로 존재한다. 데카르트(1596~1650)

우리의 소극적인 감정들은 거의 언제나 이처럼 야비하고 이처럼 이기적일 때, 어떻게 우리의 적극적인 천성들은 흔히 그처럼 관대하고 그처럼 고귀할 수 있는가? 우리가 언제나 다른 사람들에 관련된 일보다도 우리 자신에 관련된 일에 의해 훨씬 많은 영향을 받는다면, 무엇이 관대한 사람들로 하여금 모든 경우에, 그리고 일반 사람들로 하여금 많은 경우에, 다른 사람들의 더 큰 이익을 위하여 그들 자신의 이익을 희생시키도록 촉구하는가? 자애 Self-love 의 가장 강한 충동에 대항할 수 있는 것은 인간애 humanity , 즉 인도주의의 온화한 힘이 아니며, 조물주가 인간의 마음에 밝혀준 자애 benevolence 의 약한 불꽃도 아니다. 이러한 경우에 작용하는 것은 보다 강렬한 힘이고 보다 강제력 있는 동기이다. 그것은 이성, 천성, 양심, 가슴속의 동거인, 내부 인간, 우리 행위의 재판관 및 조정자이다.

－『도덕감정론』 253쪽

인간은 정신이다. 정신이란 무엇인가? 정신이란 자아이다. 자아란 무엇인가? 자아란 자신이 스스로에게 관계하는 관계이다. 관계에는 관계가 자기 자신에게 관계함이 포함되어 있다. 따라서 자아란 단순한 관계가 아니고, 관계가 자기 자신에게 관계하는 것이다.

- 『죽음에 이르는 병』 쇠렌 키에르케고르 지음, 임춘갑 옮김, 치우, 2011 22쪽

많은 철학자들이 다양한 형태로 표현하고 있지만, 위의 인용문들에서 '마음, 정신, 생각하다, 자아, 내부 인간, 행위의 재판관 및 조정자, 관계' 등이 말하는 공통점은 이것이다. 나의 존재에는 감각에 의해 인지될 수 있는 오감의 지배를 받는 '나'에 더하여, 이 육체적인 존재의 행위에 관여하는 또 다른 '내'가 있다. 우리가 일반적으로 '어떤 것이 있다'고 말할 때의 그 '존재하는 것'으로서 내가 존재하며, 그 존재는 숨쉬고, 먹고, 자고, 이동하고, 외부의 다양한 자극에 대응하는 존재다. 그러나 동시에 그런 행위를 성찰하고, 다음 행위를 결정하는 또 다른 '내'가 존재하며, 그 존재는 스스로의 삶을 자유롭게 결정하고 그 결정에 책임을 지는 주체적인 존재다. 이 존재는 소크라테스가 말하는 혼이며, 데카르트가 말하는 "생각하는 나"이며, 키에르케고르가 말하는 자기 자신에게 관계하는 관계이며, 애덤 스미스가 말하는 내부인간이며, 유학에서 말하는 마음이다. 이 마음은 우리가 뭐라고 부르는가에 관계없이, 자신이 할 일을 스스로 결정하고, 한 일에 대해서 스스로 평가하고, 판단하고, 책임지며, 그리고 다음에 할 일을 스스로 결정하는 자유롭고 주체적인 존재다.

그러나 그 자유로운 마음도 본성을 거스르는 선택을 하면 스스로

불편함을 느낀다. 완전히 자유롭지만, 그 안에 인의예지, 자아, 혼, 행위의 재판관을 가지고 있기 때문이다. '나'를 키우고 관리하는 '나'인 그 마음은, 세상은 혼자 사는 것이 아니라 타인을 배려하며 사는 것이라고 말한다. 행동하는 존재인 '나'가 이에 반하는 행동을 하면, 몸의 주재자인 마음이 바로 나서서 반성한다. 사회의 공통 가치에 반하면 왜 조화하지 않느냐고 잔소리하며, 남들과 똑같이 하면 왜 남을 따라 하냐고 잔소리한다. '나'는 인간 공통의 본성에 이끌리지만, 동시에 스스로가 아무런 제한 없이 자유롭게 결정하고 그 책임을 지는 주체적이고 개별적 존재인 것이다.

사회 안에서 관계를 통해
살아가는 존재

—   행동하고 외부적으로 나타나고 발현되는 '나'를 관리하는 '나'는 밖으로 보이지 않지만 외부의 자극에 어떻게 반응하고 대응할지 결정하는 주체다. 완전히 자유로운 '나'를 추구하고 이익을 추구하지만, 자신만 생각하는 것이 아니라 동시에 사회와 조화하며 때와 상황에 맞추어 행동한다.

군자는 중용中庸을 하고, 소인은 중용에 반대로 한다. 군자가 중용을 행한다는 것은 때時에 적절하게 행동한다는 것이며, 소인이 중용에 반한다는 것은 소인은 거리끼는 바가 없다는 것이다. 君子中庸 小人反中庸 君子之中庸也 君子而時中 小人之中庸也 小人而無忌憚也

- 『중용』 1장

때에 적절하게 행동한다는 것은 무엇인가? 사랑해야 할 때 사랑하며, 정의로워야 할 때 정의로운 것이다. 예가 필요할 때 예절을 지키는 것이며, 판단해야 할 때 지혜롭게 판단하는 것이다. 기분에 따라 거리끼는 것 없이 살지 않는 것이다. 나만 생각하는 것이 아니라, 누군가와 관계하며 사는 것이다.

자공이 여쭈었다. "한 마디 말로 평생토록 실천할 만한 것이 있습니까?" 공자께서 말씀하셨다. "그것은 서恕로다. 자기가 원하지 않는 것을 남에게 하지 않는 것이다."

- 『논어』 「위령공」편 175쪽

모두가 사랑하며 살고, 정의를 행하며 살지만, 때상황에 적절하기란 쉬운 일이 아니다. 사랑이 많은 사람은 정의에 약하고, 정의에 치우친 사람은 배려가 부족하기도 하다. 인간적으로 좋은 사람이 될 수 있지만 때에 적절하기는 어렵다. 그래서 반성하고 후회하며, 중용을 실천하고자 노력하며 사는 것이다. 때에 적절한 것은 관계하는 것이며, 조화를 이루는 것이다. 우리 모두는 자유로운 존재지만 아무런 거리낌 없이 자신만 바라보고 사는 것이 아니라, 배려하고 조화하며 함께 살아야 하는 존재이다.

06

내면의 소리

　성인聖人으로 불리는 소크라테스는 자신이 태어나고 자라 평생을 살았던 아테네에서 사형 선고를 받고 감옥에서 독배를 마시고 죽었다. 소크라테스에게 주어진 죄명은 젊은이들을 타락시키고, 국가가 인정하는 신들을 인정하지 않고 새로운 신을 믿는다는 것이었는데, 소크라테스는 이에 대해 스스로 변론하면서 이런 말을 한다.

"나는 어떤 신적인, 또는 초인간적인 현상을 경험하게 되는데, 그런 현상은 내가 어릴 때부터 시작됐으며, 일종의 목소리로서 내게 다가옵니다. 그리고 그것이 다가올 때마다 언제나 내가 하려던 일을 하지 말라고 말렸지, 해보라고 권유한 적은 없습니다."

소크라테스는 자신이 내면의 소리를 들으며, 그 내면의 소리는 인간과 신의 중간쯤에 있는 것 같다고 했다. 소크라테스가 들었다는 내면의 소리는 무엇이었을까? 종교적 경험이었을까, 아니면 자아를 알리는 신호였을까?

소크라테스는 산파술을 이용하여 정의, 덕 등 삶과 함께하는 다양한 가치에 대하여 그 시대의 사람들을 계몽하였다. 2500여 년 전에 그가 던진 화두들은 현대를 살아가는 우리가 던지는 근본적인 질문들과 크게 다르지 않다. 어쩌면 생각하는 존재인 인간이 사회를 이루어 살아가면서 갖는 당연한 질문인지도 모른다. 비록 소크라테스에 이르러서야 표출되고 대중에게로 퍼져나갔지만, 그 내면의 소리는 분명히 그 전에도 있었을 것이다. 그러나 인간이 수렵생활을 하던 시대의 공동체에서는 개인의 존재, 자아의 존재는 군중 속에 묻혀서 의미를 찾지 못했을지도 모른다. 농경생활이 시작되고, 지배 구조가 성립한 이후에도 다양한 위협으로부터 생활 터전을 보호하고, 생존을 위해 상부상조하는 환경에서 개인은 큰 의미를 부여받기 어려웠을 것이다. 공동체 사회가 유지되는 데 필요한 것들은 1인 지배하든, 아테네처럼 공화정이든, 정해진 형식에 의해 결정되었으며, 개인은 그 속에 구성원으로서 살아갔다. 내면에서 들리는 소리가 있었어도 공동체 사회에 포함되어 그것들을 무시하고 살아갔을 것이다.

소크라테스 이후 2500여 년이 지난 지금은 어떤가? 우리 각자는 내면의 소리를 들으며 살고 있는가? 형식적으로는 자유로운 세상에서 자유의지로 살아가지만, 그 속에서 내면의 소리는 어떤 위치를 차지하고 있는가? 다양한 형태로 사회활동에 참여하지만, 개인의 삶에서 내면의 소리는 어디에 어떻게 존재하고 있는가? 우리는 다양한 형태로 존재의 기원과 본성에 대한 형이상학적인 이야기를 한다. 종교를 통하기도 하고, 철학자들의 이론을 이용하기도 한다. 창조론과 진화론이 공존하며, 근년에는 현대 물리학이 우주가 137억 년 전에 빅뱅으로 만들어졌음을 이론적으로 설명하기까지 했다. 그러나 어떤 것도 모든 사람이 수용하는 정답이 되지는 못한다. 다만 어떤 대답을 선택하든, 존재에 대한 형이상학적인 질문에 대한 이해방식이나 믿음은 삶에 지대한 영향을 미친다.

유학에서는 모든 존재하는 것들은 우주의 궁극적인 진리이며 원리인 태극에서 나왔다고 한다. 태극은 형이상학적인 개념이어서 형이하학적으로 증명하거나 보여줄 수 없지만, 존재에 대한 질문과 생각이 축적되어 만들어진 이론일 것이다. 태극이 형이하학적으로 무엇인지를 증명하거나 보여주는 것이 중요한 게 아니다. 창조론이든 진화론이든 태극이든 생각의 문제이며 믿음의 문제이다. 보다 중요한 것은 어떤 것을 믿는가가 아니라, 그 믿음과 연계하여 인간 본성을 어떻게 바라볼 것인가, 어떤 내면의 소리를 듣는가에 있다. 소크라테스는 사회의 정의와 지혜를 토론했지만 사회제도를 부정하지는 않았다. 다만 자신의 내면을 들여다보고 찾을 수 있도록 계몽활동을 했다. 공동체 사회 속에서 공동체 생활에 맞춘 정의와 가치 안에 살고 있는 사람들에게 내면이 이끄는 삶을 찾을 수 있도록 가르친 것이다.

우리는 어떤가? 소크라테스가 살았던 시대와 마찬가지로 공동체 사회가 유지되기 위한 법이 있고 규칙이 있다. 군중이 이야기하고, 대중매체가 선전하는 외부로 나타나는 허영들이 있다. 그 속에서 어떤 삶의 가치를 가지고 살아가는가? 각자 자신의 가치를 어떻게 이해하고, 무엇을 지향하며 살아가는가? 부, 명예, 화려한 생활, 인기, 좋은 직장, 모두가 추종하는 것들이 개인에게 주는 가치와 의미는 무엇인가? 대중매체에 실려 떠다니는, 누가 인정하는지도 모르는 가치에 현혹되고 흔들리며 살고 있지는 않은가? 내면의 소리가 그것을 쫓으라고 이야기하는가? 소크라테스가 들었던 것처럼, '너의 가치는 이것이다'라고 하는 내면의 소리가 들리는데도 억지로 무시하며 살고 있는 것은 아닌가? 허상에 지나지 않는 군중을 쫓아 나를 방치하고 있지는 않은가?

내면의 소리를 듣는 것은 자신을 돌아보는 것이며, 본성에 다가가는 것이며, 그래서 행복에 가까워지는 것이다. 감각과 이성이 한쪽으로 무리하게 몰아갈 때 중심을 잡아주는 것이다. 시장에서 팔리는 제품의 가격만 수요와 공급에 의해 균형점을 찾는 것이 아니다. 우리 마음도 욕망과 내면의 소리가 서로 주고받으며 균형을 맞추며 산다.

내면의 소리가 부르짖는데 오늘도 그 소리를 무시하며 살고 있지는 않은가!

아침저녁으로
마음의 거울을 들여다보자

— 거울이 점점 늘어간다. 아파트 현관에도, 화장실에도, 사무실에도, 스마트폰에도, 언제 어디를 가도 자신을 볼 수 있는 거울이 있다. 거울을 보면 자신의 몸이, 입은 옷이, 자신의 외모가 보인다. 소위 말하는 몸짱도 많아졌고, 옷 잘 입는 사람도 많다. 그럴수록 마음을 보는 것은 바쁜 도시 생활에서 더 어려운 일이 되어간다. 정보가 넘쳐나고 대중매체가 쉼 없이 뜻 모를 이야기를 쏟아내는 세상에 둘러싸여, 자신을 돌아보는 것은 점점 어려운 일이 되고 있다.

아침저녁으로 마음의 거울을 보자. 몸을 비추는 거울을 보듯이 잠깐이라도 눈을 감고 스스로를 돌아보자. 내 마음은 어디에 있는가, 어디에 힘을 쓰고 있는가, 어디로 가고 있는가, 누구를 사랑하는가, 무엇을 사랑하는가, 무엇을 하고자 하는가, 무엇이 되고자 하는가, 어떻게 살고자 하는가, 어떤 가치를 가지고 살아가고 있는가, 그런데 나는 지금 무엇을 어떻게 하고 있는가? 내 마음을 돌아봤을 때 내가 원하는 대로 동료를 대하고 있는가, 내가 싫어하는 일을 동료가 해주길 기대하지 않는가, 나의 문제를 타인의 문제로 돌리고 있지 않은가, 독촉하는 상사의 입장에서 나를 생각해보는가, 따지고 질문하는 후배의 입장에서 나를 생각해보는가. 대답은 생각하지 말고, 우선 이런 질문들을 스스로에게 해보자. 마음을 비우고 차분하고 고요한 상태가 되면 내면이 말하는 소리를 들을 수 있다. 가끔씩 화가 나기도 하고 흥분되기도 하겠지만, 마음의 거울을 들여다보고 있으면 다시 조용하고 차분한 상태로 돌아가게 된다. 그 상태에서 내면이 대답을 할 것이다. 그 대답이 무엇이든 관여치 말고 생각이 미치는 대로 따라가보자. 잠깐이라도 매일 이것을 반복해보자. 반복하다 보면 스스로를 돌아보게 되고, 공부하고 학습하게 되고, 실천하게 되고, 점점 본성에 가까이 다가가며, 스스로를 발견하게 될 것이다. 스스로를 발견하고, 스스로에 맞추어 생활하는 순간이 늘어나면 함께하는 세상에서 동료들 모두 그러한 존재로 보이고, 우리 모두가 선한 본성이라는 공통성을 가지고 있으며, 그 선한 본성이 이끌어가는 개별적인 삶들의 다양성을 보일 것이다.

닭이 울 때 깨어나면 생각이 차츰 달리기 시작하니, 어찌 그 사이에 마음을 고요히 하여 생각을 정돈하지 않을 수 있겠는가! 혹 지나간 허물을 살피고 혹 새로 얻은 것의 실마리를 찾으면, 순서와 조리를 묵묵한 가운데 또렷하게 알게 될 것이다.

－『성학십도』 119쪽

07

수신,
행복으로 이끄는 길

　따뜻한 어느 봄날 영주선비촌을 다녀왔다. 영주선비촌은 영주 지역
의 주요 고택들을 재현해놓은 마을로, 해가 지고 나면 숙소 일부를 제
외하면 깜깜한 어둠에 잠기는 고즈넉한 옛 마을이다. 선비촌 옆에는
우리나라 최초의 사액서원인 소수서원이 있다. 1542년 풍기 군수 주세
붕이 백운동서원을 설립한 것이 시초가 되었고, 1550년 이황이 풍기
군수로 부임하여 소수서원이라는 사액을 받아 최초의 공인된 사학이
되었다고 한다. 서원 앞에는 작지 않은 개울이 흐르는데, 그 개울 건너
편에 '경敬' 자를 크게 새겨놓은 바위가 있다. 그냥 지나치면 경관 좋은
곳에 누가 낙서를 해놓았나 싶을 만큼 뜬금없는 풍경이다. 그러나 이
바위에 새겨진 '경' 자는 사람 안에 내제된 지선至善한 본성을 찾고, 이

를 잃어버리지 않는 삶을 추구하는 유학의 실천적 가르침을 나타내는 글자이다. 유학에서 가장 중요한 개념을 담은 글자 중 하나로, 하늘에서 받은 본성을 깨닫고 공부하고 실천하고 일상에서 마음이 흐트러지지 않도록 항상 자신을 돌아본다는 의미이다. 그래서 공부하는 선비들이 잊지 않고 언제나 깨어 있기 위하여 눈에 잘 띄는 곳에 새겨놓았을 것이다.

'수신修身'이라고 하면 마치 수도자의 길 같은 느낌을 받는다. 딱딱하고 현실에서 떨어져 보인다. 그러나 수신은 일상 속에 펼쳐진 것이며, 매일매일 자신을 돌아보며 스스로를 찾아가는 것이다. 그리고 자신을 행복으로 이끄는 것이다. 많은 시간이 필요한 것도 아니고, 어려운 것도 아니다. 다만 꾸준히 스스로를 돌아봐야 한다는 그 점이 어려울 뿐이다.

퇴계 이황이 유학의 가르침을 10장의 도로 요약하고 각 도에 대하여 설명을 붙인 『성학십도』라는 책이 있다. 이 책에서 이황은 유교 철학의 형이상학적인 이론을 요약하는 데 그치지 않고, 본성을 찾고 유지하고 실천하는 요체로서 경敬을 강조한다. 행복하게 사는 방법이라고 직접 이야기하지 않지만, 행간 어딘가 행복에 다가가는 길을 숨겨두고, 매 순간 경으로 찾으라고 한다. 경으로 삶이라는 숲을 가꾸라고 한다. 경을 통해 성인에 이르는 공부를 하라고 한다.

공부하는 요령은 경敬 하나에서 떠나지 않는다. 대개 마음은 몸의 주재主宰이며, 경은 또 마음의 주재이다.

－『성학십도』 104쪽

마음은 온갖 일이 말미암는 바이며, 모든 책임이 모이는 곳이며, 뭇 욕구들이 서로 공격하고 뭇 사특함들이 번갈아 뚫고자 하는 곳입니다. 한번 태만하여 소홀해지고 방종이 계속되면 산이 무너지고 바다가 넘치는 것같이 될 것이니, 누가 막을 수 있겠습니까?

－『성학십도』 27쪽

성인이 어떤 사람인지에 대한 객관적인 정의는 없다. 다만 성인으로 존경받는 사람들은 있다. 전지전능한 신이 아닌 우리와 같은 인간으로 살았고, 그 시대의 법과 제도, 종교, 사회적 관습들 아래서 스스로를 찾고 스스로의 믿음과 가치에 부합하는 삶을 살았다. 그들의 믿음은 종교, 법과 제도도, 사회적 관습도 아니었으며, 말 그대로 인간에 대한 깨달음과 공부, 자신의 발견, 실천이었을 것이다. 매 순간 배우고 성찰하며 수신하는 삶이었을 것이다. 그래서 같은 인간인 모든 사람들이 자신처럼 될 수 있다고 믿었으며, 진실된 마음으로 설파하고 가르치고자 노력했다.

사람은 순수하고 지선한 본성을 가진다고 한다. 본성을 이론적으로 설명하는 것은 어렵다. 그러나 사람이 살아가는 모습을 관찰함으로써 유추해볼 수는 있다. 맹자의 성선설이나 순자의 성악설이 그렇듯이, 인간이 어떠하다는 이야기는 모두 인간의 행동을 관찰하여 그 결과를 이론적으로 설명한 것이다. 그래서 믿음의 문제로 넘기지 않고도 주장할 수 있고 공감할 수도 있는 것이다. 공감하게 되면 삶을 대하는 자세나 삶에 대한 가치도 거기에서 나오며, 행복과 불행의 기준 또한 거기에 기대게 된다. 자신에 대한 믿음도 나오며, 타인에 대한 믿음도 나온다. 성인들이 깨닫고 수양하고 실천한 것도 그와 다르지 않을 것이다. 순수하고 지선한 본성을 믿었으며, 방치하면 악해질 수 있다는 것도 알았으며, 그래서 스스로 조심하고 공부하고 실천하고자 노력했을 것이다. 수신은 성인이나 수도자만 하는 것이 아니다. 우리 모두의 일상에 있다.

내가 가만히 살펴보건대, 옛 성현이 사람을 가르쳐 학문을 하게 하는 뜻은 다 의리를 풀이하고 밝혀 그 몸을 닦은 뒤에 미루어 남에게까지 미치게 하려는 것이지, 한갓 넓게 보고 열심히 기억하여 문장으로 이름이나 날리고 녹봉의 이익이나 취하게 하려고 하는 것은 아니었다.

—『성학십도』 81쪽

CHAPTER 3

일은 어떻게
자아를
성장시키는가

01
학습,
자아가 성장하는 기반

인간의 삶은 학습하는 삶이다. 배우는 삶이며 생각하는 삶이다. 우리는 매일, 매 순간 무언가를 배우고 익히며 산다. 태어나서 엄마의 느낌을 배우고, 사랑을 배운다. 커가면서 말을 배우고, 걷고 뛰는 것에 익숙해진다. 그러나 당연하다고 생각하는 이런 것들은 거저 주어지는 것이 아닌 학습의 결과이다. 더하기 빼기도 못하던 아이가 커가면서 곱하기 나누기를 하지만, 배우고 공부해서 알기 전에는 그런 것들이 있는지조차도 상상할 수 없다. 어렵고 복잡해 보이는 이론이나 기술도 마찬가지이다. 학교에서, 직장에서, 우리는 이렇게 당연해 보이는 것들을 배우고 공부하며 성장한다. 우리 모두의 자아는 이렇게 당연해지는 것들을 배우며 만들어지고 성장해나간다.

세상은 쉬지 않고 변화한다. 세상이 쉼 없이 변화한다는 사실을 제외한 나머지는 모두가 쉼 없이 변한다. 그러나 대부분의 사람들이 일상은 반복된다고 생각한다. 이는 뇌 과학적으로도 설명이 된다. 인간의 뇌에 모두 수용하기에는 외부 정보의 양이 너무나 많다. 따라서 효율적으로 뇌를 사용하도록 진화했는데, 그 결과 과거와 비슷한 경험이 있으면 지금 경험하는 것도 과거의 경험과 동일한 것으로 범주화하고 새로운 것으로 수용하지 않는다고 한다. 그러나 성장은 반대로 작은 변화를 변화로 인식할 때 이루어진다. 작은 변화, 작은 차이에서 배우고 생각하며 이루어진다.

다양한 일에 종사하는 직장인들은 각자의 위치에서 각자 삶에 필요한 것들을 배우며 성장한다. 스스로 오늘, 또는 최근 일주일, 한 달 동안 무엇을 새롭게 배웠고, 어떻게 학습했는지 돌아보라. 선배로부터, 후배로부터, 책에서, 스스로 생각을 통해서, 강의를 통해서, 회의 토론 과정을 통해서 등등 일상의 모든 과정에서 무언가를 배우고 있을 것이다. 스스로 배웠다고 자각하지 못하는 가운데 배운 것도 있을 테고, 새롭게 배웠다고 자각하는 것도 있을 것이다. 형식에서 배우기도 하고, 내용에서 배우기도 했을 것이다. 아무것도 배운 것이 없을 수는 없다. 배운다는 것은 생존이며, 자아가 살아가는 방법이다. 그래서 매 순간 무엇을 배우느냐는 개별적 자아가 어떻게 성장해가는지를 결정짓는다. 업무와 관련된 전문 기술이나 지식일 수도 있고, 삶에 대한 깨달음일 수도 있다. 자료를 잘 요약하는 방법일 수도 있고, 사람과 관계하는 방법일 수도 있다. 무엇을 배우든 그것은 단순히 일에 한정되는 것이 아니라 스스로 선택하며 만들어가는 자아가 된다.

배우는 것은 질문하는 것이다. 질문이 생기는 것은 관심이고, 질문하는 것은 생각하는 것이다. 질문을 생각하는 것이며, 대답을 생각하는 것이다. 일에 대해 질문하는 것이고, 삶에 대해 질문하는 것이다. 일에 대해 대답하는 것이고, 삶에 대해 대답하는 것이다. 질문은 생각의 출발이고, 생각의 깊이는 자아의 크기이다. 완벽한 대답을 기대할 필요는 없다. 질문하고 생각하는 과정 자체가 대답이다. 일하는 것은 다양한 사람들이 그렇게 서로 질문하고 대답하며 배우고 가르치는 것이다.

배우기만 하고 생각하지 않으면 얻는 것이 없으며, 생각만 하고 배우지 않으면 위태롭다.

– 『논어』 「위정」편 40쪽

우리는 걷고 달리는 데 익숙하지만, 걷는 것과 달리는 것을 특정한 것으로 한정해서 이해하고 실행하지는 않는다. 상황에 따라 보폭을 넓히거나 좁히고, 장애물을 건너뛰기도 비켜 가기도 한다. 일하는 일상도 마찬가지이다. 일은 지식이나 기술을 활용하지만, 기계적으로 이루어지는 단순 반복이 아니다. 일을 통하여, 일하는 과정을 통하여 누가 해도 똑같아 보이는 것들 안에서 자신만의 고유한 것을 만들고, 또 발현하는 것이며, 그 속에서 질문하며 배우고 생각하며 자신을 찾아가는 것이다.

비워야 채워지고
성장한다

어떤 일에 익숙하거나 많이 안다고 생각할 때는 작은 변화에 둔감하다. 그런 상태에서는 충격이나 강제적인 조정 없이 작은 변화를 변화로 인식하고 선제적으로 대응하기가 매우 어렵다. 그러나 성장과 발전은 작은 변화들을 인식하는 데서 출발한다. 미래의 큰 변화도 현재의 작은 변화들이 시간과 함께 쌓여서 만들어진다. 10년 전에 찍은 사진과 현재 자신의 모습을 비교해보면 차이가 명확하다. 어쩌면 딴 사람처럼 느껴질지도 모른다. 그렇지만 하루하루 지나는 동안에는 항상 비슷비슷하다고 생각할 뿐, 조금씩 변하고 있는 자신을 인식하지 못하고 지나간다.

경험이 쌓이고 직급이 높아질수록 자신이 다 안다고 착각하는데 이것이야말로 변화하고 성장하지 못하는 중요한 요인이다. 스스로 다 안다고 생각하지도 말고, 다른 누군가가 모든 것을 알고 있다고 생각하지도 말아야 한다. 분야에 따라 아는 것이 다를 수는 있겠지만, 개인이 가지고 있는 지식의 양은 별반 차이가 없다. 대부분의 영역에서는 역량이 거의 비슷하고, 특정 분야에서 서로 다른 지식을 조금씩 가지고 있을 뿐이다.

유야 너에게 안다는 것을 가르쳐주랴? 아는 것을 안다고 하고 모르는 것을 모른다고 하는 것, 이것이 아는 것이다.

- 『논어』 「위정」편 41쪽

　신입사원은 자신이 많이 안다고 생각하지 않는다. 그래서 무엇이든 받아들일 준비가 되어 있고, 모든 것을 새롭게 느끼며 작은 변화까지 수용한다. 지식이나 경험을 가진 사람은 무시하던 일도, 신입사원에게는 다르다. 신입사원에게는 과거에서 조금 변한 현재 자체가 새로우며, 따라서 기존에 있던 것들과 새로운 작은 변화가 아무런 차이 없이 모두 중요하다. 이것이 가능한 이유는 신입사원이어서가 아니라 비어 있기 때문이다. 무언가로 채워져 있음에도 불구하고, 비우고 새로운 것으로 다시 채울 준비가 되어 있기 때문이다.

　성장은 단순히 현재 가지고 있는 지식의 많고 적음의 문제가 아니다. 새로운 것을 새로운 것으로 인식하는 것이며, 그래서 모르는 것을 모른다고 인지하는 것이다. 모름을 인지하는 것은 채우고 있는 것을 비우는 것이며, 비우기 때문에 다시 채워지는 것이다. 직장인들은 매일 새로운 것을 만난다. 그래서 매일 모르는 것이 생기고, 매일 새롭게 아는 것이 생긴다. 매일매일 비우고, 매일매일 채워지며, 그런 것들이 쌓여 하루하루 성장해간다.

02
논리적 사고,
이성의 힘을 키우는 것

    주변에는 많은 박사들이 있다. 그리고 대부분의 사람들은 박사라고 하면 은연중에 신뢰감을 갖는다. 전공 분야와 관계없는 문제에 대해서도 박사의 말이라면 보통 사람의 말보다는 존중과 신뢰를 받는다. 공부를 많이 했고, 그래서 아는 것이 많을 거라는 막연한 기대를 하는지도 모른다. 우리가 박사라고 부르는 사람은 정확하게 표현하면 박사 학위를 취득한 사람을 의미한다. 박사 학위는 대학원에서 소정의 박사 과정을 마치고 박사 학위 논문 심사 등 규정된 절차를 밟은 사람에게 수여된다. 박사들은 이런 과정을 거치며 전공 분야에 관해 공부를 한다. 그러나 그들이 많은 시간과 노력을 투자해서 공부한 전문 지식은 어떤 분야에서 보는가에 따라 일회용이나 일회용조차 되지 못할 수도 있다. 그럼에도 어디에서 어떤 일을 하더라도 박사로 존중받는다. 전공 분야와 무관한 주제를 이야기할 때도 박사라고 불러준다. 아무도 왜 그러는지 설명하지 않지만, 그런 행위 속에는 논리성과 이성에 대한 기대가 숨어 있다. 단편적인 지식에 대한 기대가 아니라, 주어진 주제에 대하여 학습하고 다양한 관점으로 바라보고, 검증하고, 그리고 논리적으로 결론을 도출해낸 경험을 가진 사람들에 대한 기대다. 결과만이 아니라 결과에 이르는 논리적인 전개 과정을 연습한 사람들이고, 그런 경험이 현실에서 부딪히는 문제에도 적용되어, 단편적이지 않고, 논리적이고 이성적인 생각과 판단을 할 거라고 기대하기 때문이다.

플라톤은 저서 『국가』에서 올바름이 칭송받고 구현되는 이상적인 국가를 상정하고, 그런 국가는 철인이 다스려야 한다고 했다. 여기서 말하는 철인은 우리가 일반적으로 생각하는 철학을 공부하는 철학자가 아니라, 지혜를 사랑하는 사람이다. 철학, 즉 philosophy는 philosophia에서 유래한다. philo는 '사랑하다' '좋아하다'라는 뜻의 접두사이고 sophia는 '지혜'라는 뜻이다. 지혜를 사랑하는 사람은 이성적이며, 외부로 나타나는 단편적인 현상이 아닌 이면의 본질을 보고자 노력한다. 그래서 지혜로운 사람은 배우는 것을 좋아하고, 논리적인 전개를 통해 설명하려 한다. 소크라테스는 어떤 질문에 대해서도 단편적으로 대답하지 않았다. 대신 산파술을 이용하여 논리적으로 대화를 전개했다. 그래서 상대가 대화하는 과정을 통해 스스로 깨닫고 배우도록 했다. 그렇게 이성의 힘을 키우도록 가르친 것이다.

직장에서 성장해간다는 것은 모든 것을 논리적으로 접근하는 연습을 하는 것이다. 그리고 그런 연습을 통하여 이성의 힘을 키워나가는 것이다. 문제에 직면할 때마다, 밖으로 보이는 현상만 정리하고 나열하는 게 아니라, 생각하고 해석하고 논리적으로 설명하는 연습을 반복해야 한다. 그렇게 본질을 볼 수 있는 역량을 쌓는 것이며, 이를 통하여 지혜를 쌓고 자아를 키워가는 것이다.

자료를 만들 때도, 의견을 개진할 때도, 결론을 도출하는 전개가 논리적인지 고민한다. 물어보는 사람이 아무도 없더라도, 스스로는 결과에 이르는 과정을 논리적으로 설명하고자 노력한다. 일회성으로 필요한 단편적인 정보들을 구하거나 배우는 것은 누구나 할 수 있는 시대이기 때문에 더 논리적이 되고자 노력한다. 직장에서 일한다는 것은 이처럼 과정을 통하여 이성의 힘을 키워가는 것이다. 박사여서 더 논리적이거나, 박사가 아니어서 덜 논리적인 것은 아니다. 박사가 아니어도 논리적인 사람은 많다. 중요한 것은 박사인가 아닌가가 아니라, 논리적인가 아닌가이다. 논리적인 사람은 누군가에게 듣거나 배워서 그대로 따르지 않고, 스스로 논리적으로 설명하고 이해할 수 있을 때 수용하고 활용한다. 지식과 경험이 쌓여 직관으로 핵심을 포착하더라도, 논리적으로 풀고 이끌어간다. 그래서 결국은 직관과 논리를 모두 포용하는 이성적인 사람이 되어간다.

좋은 회사에서 위대한 회사로 이끈다는 것은 답을 들고 나와서 모든 사람이 당신의 메시아 같은 비전에 따르도록 동기를 부여하는 것을 뜻하지 않는다. 겸손한 마음으로 당신이 답을 알기에는 아직 이해가 부족하다는 사실을 받아들인 다음, 가능한 한 최선의 통찰로 이끌어줄 질문을 하는 것을 뜻한다. 사실, 우리는 좋은 회사에서 위대한 회사로 도약한 기업들이 비교 기업들보다 더 많은 정보, 더 좋은 정보를 갖고 있었다는 증거를 발견하지 못했다. 그건 결코 사실이 아니었다. 두 집단의 회사가 좋은 정보를 접하는 정도는 사실상 똑같았다. 결국 열쇠는, 보다 좋은 정보가 아니라 정보를 무시할 수 없는 정보로 전환시키는 데 있었다.

– 『좋은 기업을 넘어 위대한 기업으로』 짐 콜린스 지음, 이무열 옮김, 김영사, 2005 137쪽

03

창조,
자아를 실천하는 것

   퇴계 이황은 68세의 나이에 17세의 어린 왕 선조를 위해 동양철학
의 핵심을 집약한 『성학십도』를 썼다. 왕을 위해 쓴 것이지만, 누가 쓰
라고 해서 쓴 것이 아니며, 왕과 신하의 관계 때문에 억지로 쓴 것은 더
더욱 아니었을 것이다. 이황은 평생 공부하고 고민하고 실천하며 깨우
친 진리를 어린 왕에게 이야기해주고 싶었을 것이다. 그래서 어린 왕
이 성인의 품성을 갖추고 국가를 잘 다스려 온 백성이 행복한 나라가
되기를 희망했을 것이다. 이황에게 있어서 그런 나라를 만드는 것은
태어나서 68세에 이르는 동안 만들어지고 다듬어진 자아가 꿈꾸는 최
고의 가치였을 것이다. 그런 이황에게 『성학십도』는 위대한 책이 되기
를 기대하며 쓴 창작물이 아니라, 내면으로부터 나온 자연스러운 창조

이자 평생을 두고 꿈꾸었던 자아의 실천이었을 것이다.

창조란 전에 없었던 새로운 것을 만든다는 의미지만, 그 새로운 것은 어디 멀리서 오는 게 아니라 자신과 자신을 둘러싼 것들을 학습하고 재구성하는 것이다. 그런 과정을 통해 자신을 실천하는 것이며, 다시 자신에게로 돌아와서 자신과 함께하는 것이다.

이황이 『성학십도』의 내용을 모두 직접 쓴 것은 아니다. 이황 이전에도 『성학십도』에 있는 내용은 존재했다. 그러나 『성학십도』는 동시대인이면 누구나 접근할 수 있었던 지식을 학습하고 실천한 이황이라는 개별적인 자아가 투영된 창조물이다. 우리는 『성학십도』를 통해 존재의 기원부터 일상의 삶까지 연결하는 하나의 철학적 이야기를 듣지만, 이황에게는 그 이야기가 스스로가 꿈꾸며 가꾸어간 자아였을 것이다.

그래서 그 가운데서 가장 두드러진 것 일곱 가지를 선택하였습니다. 그중 심통성정도는 정씨도에다가 신이 만든 두 개의 작은 도를 붙인 것입니다. 나머지 셋은 신이 그림을 만들었으나 글과 뜻 그리고 조목과 규획은 한결같이 선현들에 의하여 서술된 것이며, 신이 창조한 것은 아닙니다. 합하여 성학십도를 만들고 그림마다 저의 생각을 붙여 삼가 정사하여 올립니다.

－『성학십도』 31쪽

현대 직장인들은 철학적 고민과 학문을 주로 하며 살지는 않는다.

또한 직접적인 생산 활동을 하지도 않는다. 대신 지식노동의 시대에서 노동력보다는 창조력을 요구받으며 일한다. 직장인들에게 창조는 자신의 일과 관련하여 학습하고 실천하는 모든 작은 일에 스며들어 있다. 질문에도 들어 있고, 자료 만들기에도 들어 있다. 배워서 익숙해지는 반복되는 일들 속에도 있고, 새로운 아이디어를 내고 적용하는 모든 곳에 있다. 그저 흘러가는 듯 보이는 일상 속 모든 곳에 있는 것이다. 제품 개발을 앞두고 '어떻게?'라는 질문을 반복하는 개발자에게 있으며, 흘러 지나가는 수많은 작은 움직임들 속에 숨어 있는 변화를 감지하는 기획자의 관심에 있다. 지구촌 반대편에서 들려오는 소식을 들으며 자신이 판매하고 있는 제품에 미칠 영향을 생각하는 영업 담당자의 고민에 있고, 조직원들이 더 즐겁게 일할 수 있는 회사를 만들기 위해 고민하는 관리자에게도 있다.

어느 날 밤하늘을 보며 하늘을 날 수 있었으면 좋겠다고 생각하는 것은 창조성이 아니다. 아무리 아름다운 음악을 만들거나 연주하고 싶어도 부단한 연습과 노력 없이는 불가능하다. 문뜩 떠오른 생각은 말 그대로 문뜩 떠오른 생각일 뿐이다. 자아가 향하고 관심이 가는 것에 대하여 공부하고, 스스로 생각하고 재구성하고 구체화할 때 창조성이 된다. 어떤 것이든 좋다. 스스로 최근에 어떤 아이디어를 도출하기 위하여 생각한 경험을 돌이켜보라. 무엇을 생각했고, 어떻게 생각이 전개되었는가? 아무것도 없는 상태에서 어느 순간 번뜩 나타났는가? 그렇지 않을 것이다. 관심을 가지고 있는 주제가 있고, 이와 관련해 이미 갖고 있던 사전 지식과 내면의 에너지가 연계되어 질문이 생기고, 그 질문이 새로운 질문으로 꼬리를 물고 이어지다가, 어딘가에서 끝났을 것이다. 새로운 아이디어로 연결되었을 수도 있고, 여전히 끝나지 않은 질문으로 남았을 수도 있다. 어떻게 끝났든, 생각이 닿은 막다른 길은 주제와 연계된 자신의 지식이 끝나는 어디쯤이었거나, 질문을 이끌어가는 자아의 노력이 멈추는 곳이었을 것이다.

창의성은 새로운 관점에서 나올 수 있지요. 그런데 사물이나 사건이 새롭다는 것은 어떻게 알 수 있나요? 새롭다는 것은 그 사물이나 사건이 이전에 경험한 내용에 비교해서 다르다는 것이지요. 그래서 우리가 새로움을 인식하려면 이전의 경험기억이 선행되어야 합니다. 즉 기억된 정보는 창의성의 필수조건입니다.

— 『그림으로 읽는 뇌과학의 모든 것』 박문호 지음, 휴머니스트, 2013 523쪽

어떤 창조를 위해서는 밤낮 없이 일해야 할 수도 있고, 어떤 창조는 회의실에서 머리를 맞대고 토론해야 나올 수도 있다. 또 어떤 창조는 혼자 조용히 생각하면서 나올 수도 있다. 그러나 어떤 창조도 자신을 떠나서 나올 수는 없다. 창조는 자신에게 주어진 것들 속에 있으며, 그에 대해서 학습하고, 생각하는 자신에게 있다. 직장인에게 창조는 새로운 제품을 만들어내는 데에만 있는 것이 아니라, 자료 만들기에도 있고, 사람을 대하는 데에도 있다. 창조는 남이 아닌 내가 하기 때문에 달

라지는 것들 속 어디에나 있다. 수학 문제 풀듯 모두에게 적용되는 정답이 있는 것이 아니라, 어떤 것도 될 수 있는 자신과 자신을 둘러싼 모든 것들에 있다. 누구나 아는 떠들썩한 창조도 있지만, 개별적인 가치를 실현하고자 하는 일상의 구석구석에서 끊임없이 일어나는 창조도 있다. 직장인들은 일 속에서, 일과 함께하는 모든 것들 속에서, 자신만의 창조를 한다. 쌓아온 지식과 경험으로 만들어진 자아가 새로운 외부와 만나는 곳 어디에서나 자신에게 속하는 창조를 하며 산다. 그렇게 매일매일 자아를 실천해간다.

좋은 회사에서 위대한 회사로 도약한 기업들은 무슨 이름이나 슬로건, 출범식, 프로그램을 거창하게 내걸고 그들의 전환을 공표한 적이 없다. 그중 일부는 실제로, 도약 당시에는 변화의 규모를 깨닫지도 못했다고 한다. 나중에 가서야 되돌아보니 변화가 일어난 게 분명하더라는 것이다. 그들은 혁명을 통해서가 아니라 결과적으로 진정 혁명적인 도약을 일구어냈다.

– 『좋은 기업을 넘어 위대한 기업으로』 32쪽

04

성취감, 앞으로
나아가게 하는 힘

    사람들은 모두 하루를 산다. 하루가 없는 사람은 없으며, 하루를 두 번 사는 사람도 없다. 어제 보낸 하루가 어떠했든, 오늘은 다시 새로운 하루를 산다. 한 달을 살아도 그렇게 하루가 쌓이고, 일 년을 살아도 그렇게 하루하루가 쌓인다. 어디서 무엇을 하든, 몇 시에 일어나서 시작하든 하루를 살아간다. 그렇게 하루가 있어서 매일매일 마무리되고, 매일매일 새로 시작된다.

    과거 농경사회에서는 계절의 변화가 할 일의 변화였다. 겨울 농한 기에 한 해 계획을 세우고 필요한 준비를 하면, 봄에는 봄에 해야 할 일, 여름에는 여름에 할 일, 가을에는 가을에 할 일이 계절의 변화와 함께 결정되었다. 농부들은 계절에 맞추어 할 일을 한다. 스스로의 힘으로 어떻게 할 수 없는 자연재해만 아니라면, 한 해 농사의 성패는 온전히 얼마나 정성을 들이고 열심히 하느냐에 따라 결정되었을 것이다. 그 과정에서 아무리 작은 노력이라도 결과를 직접 확인하는 것이 가능했고, 그래서 매일매일 성취를 느끼며 살 수 있었을 것이다. 잡초를 뽑고 난 후에 깔끔한 밭고랑이 성취였고, 논두렁 매는 것이 성취였으며, 수확물이 직접 느낄 수 있는 성취였을 것이다.

그러나 분업화된 시대를 사는 직장인의 삶은 그렇지 않다. 계절의 변화가 할 일을 결정하는 것도 아니며, 직접 느낄 수 있는 성취가 있는 것도 아니다. 계절에 관계없이 계획하고, 계절에 관계없이 일한다. 직장인에게 성취는 결과물을 직접 보고 느끼는 것이 아니라, 계획하고 실천하는 데 있다. 매일 반복되는 일도 잘 살펴보면 매일 다르다. 같은 판매 활동이라도 어제의 고객과 오늘의 고객이 다르고, 어제 판매한 제품과 오늘 판매한 제품이 다르다. 같은 개발 활동도 어제 한 일과 오늘 한 일은 다르다. 판매를 하거나 개발을 했다는 관점에서는 같다고 할 수 있지만, 매일매일 하는 일은 다르다. 매일매일 새로운 일을 하는 것이며, 그래서 매일매일 성취할 수 있다.

출근 시간이 아무리 혼잡해도, 온전히 누구의 간섭도 받지 않는 혼자만의 시간이다. 이 출근 시간을 이용해서 하루 일과를 계획해보라. 오늘 해야 할 일들의 목록을 정리해보라. 그다음은 하루를 어떻게 사용할지 생각해보라. 바쁘거나 중요한 일이 있다면 그 일에서 핵심이 무엇이고, 어떻게, 또는 어떤 방향으로 해야 할지 생각해보라. 시간이 남을 것 같다면 남는 시간에 무엇을 할지 생각해보라. 오늘 마무리할 일은 아니지만 중요한 과제를 진행 중이라면 그 과제에 대해서도 부담 없이 생각하라. 어떤 아이디어가 떠오른다면 메모하거나 잊지 않으려고 노력하라. 그러나 잊어버려도 큰 문제는 아니다. 그것이 중요하고 꼭 필요하다면 다음에 다시 떠오를 것이다. 아이디어가 떠오르지 않아도 괜찮다. 그 문제를 한 번 생각해보았다는 것으로 충분하니 가볍게 생각하고 넘어가라. 주제가 없어지지 않는 한 다음에 다시 생각하게 되고, 그 과정을 거치면서 아이디어는 점차 분명해질 것이다. 그렇게 계획하며 시작하는 하루는 어제와 다른 새로운 오늘을 만든다. 지루한 반복이 아닌 성취하는 하루하루를 만든다.

동양 철학에서 음陰은 정적이며, 잠재력이며, 양陽적 활동의 기반이다. 직장인에게 출근 시간은 정적이며 계획하는 시간이며 하루의 성취가 준비되는 시간이다. 매일 출근하는 직장인은 계획이 있어서 성취가 있다. 그래서 직접 보고 느끼는 성취 없이도 성취감을 느끼며 나아간다.

마음을 동쪽으로 갔다 서쪽으로 갔다 하지 말며, 남쪽으로 갔다 북쪽으로 갔다 하지 말고, 일을 만나 마음을 보존하여 다른 데로 가게 하지 말라. 두 가지 일이라고 마음을 둘로 나누지 말고, 세 가지 일이라고 마음을 세 갈래로 나누지 말며, 마음을 전일하게 하여 만 가지 변화를 살펴라.

−『성학십도』112쪽

인터넷 신문은
오후에 봐라

———   대부분의 직장인은 사무실에 도착하면 업무용 컴퓨
터를 켜는 것으로 하루 일과를 시작한다. 새로운 하루가 시작되는 것
이다. 밤새 새로 도착한 메일을 확인하기도 하고 일과표를 확인하기도
한다. 그것이 무엇이든 스스로 계획하거나 익숙한 방법으로 하루를 시
작하는 것이다.

그러나 인터넷 신문을 보면서 하루를 시작하는 것만은 피하는 것
이 좋다. 컴퓨터로 일하는 환경에서 일과 시작이 인터넷으로 연결되
는 세상이니, 일반적인 직장인에게 인터넷 신문이 첫 화면이 되는 것
은 어쩌면 자연스럽다. 그래서 무의식적으로 인터넷 신문으로 하루를
시작하기도 한다. 혹시라도 이런 직장인이 있다면 그것은 오후로 미루
어라. 잘 시작하던 하루가 인터넷 신문을 보는 순간, 새로운 하루가 아
닌 어제나 그제와 구별되지 않는 흐리멍덩한 하루가 되어버린다. 정리
되고 맑은 기분으로 출근했는데, 인터넷 신문을 보기 시작하는 순간
이런저런 정보들이 마구 섞여서 아침의 새로운 시작이 없어진다. 의미
없는 소식이나 정보들이 머릿속만 헝클어놓고 지나가버린다.

실시간으로 새로운 소식을 접할 수 있는 환경에서, 신문은 오후에
나른해질 때 보는 것이 좋다. 오후에 보는 신문은 출근해서 보는 신문
과 반대로 일로 복잡해진 머리를 가볍게 해주는 효과도 있다. 잠시 휴

식을 취하는 의미도 있다. 일이 진도가 잘 나가지 않을 때, 이를 해결할 아이디어를 얻을 수도 있다. 어제 일어난 일이 아닌 오늘 일어난 새로운 소식을 확인할 수도 있다. 종이 신문을 보던 시대에 신문은 아침에 보는 것이 일상이었지만, 인터넷으로 실시간으로 소식을 접하는 시대에 신문은 오후에 보라고 권하고 싶다. 생산적이고 성취하는 하루를 보내고 싶다면 인터넷 신문은 오후에 봐라. 그래야 계획하고 실천하는 자신만의 하루가 만들어진다.

05

함께 일하기,
존재를 이해하는 것

　어렵다는 취업 경쟁의 문턱을 넘어 직장생활이라는 새로운 환경에 놓이는 순간, 모두는 바람에 날리며 떠돌다 막 떨어진 씨앗 같은 존재가 된다. 지금까지 믿어왔던 자신의 존재는 새로운 세상에서는 아무런 의미가 없을 수도 있다. 자신이 누구인지는 지금부터 새롭게 이해되고 만들어져야 할 수도 있다. 자신을 아무리 외쳐도 메아리 없는 혼자만의 몸부림이 될 수도 있다.

　바람에 날리다 막 떨어진 씨앗은 스스로 할 수 있는 것이 별로 없다. 토양에서 수분과 자양분을 빨아들이고 환경에 적응해야 싹을 틔우고 성장하고 열매를 맺을 수 있다. 싹을 틔울 수 있을 만큼 충실한 씨앗이면 어떤 씨앗이든 싹이 될 수 있지만, 주어진 환경을 거부하며 혼자 자랄 수는 없다. 직장인으로 살아가는 사람들도 마찬가지이다. 누구나 준비가 되어 있지만, 그 안에서 어떤 자신을 발견하고, 어떤 타인을 인식하는가에 따라 미래의 자신이 만들어진다.

대부분 사람들은 이미 형성되어 있는 조건 아래에서 일한다. 속한 회사의 업종도 정해져 있고, 그 속에서 하는 일도 정해져 있으며, 자신의 위치도 정해져 있다. 과장이라면 위로 부장과 아래로 후배들과 일할 것이며, 사원이라면 위로 대리나 과장 등 선배들과 일할 것이다. 개발 부서에 일한다면 개발해야 할 제품과 일정이 정해져 있을 것이다. 판매 부서에 일한다면 잠재 고객이 정해져 있고, 내부 유관 부서가 정해져 있을 것이다. 그 일은 어제 누군가가 하던 일이며, 거기에 새로움을 더해서 오늘 내가 하는 것이다. 그 역할은 나만 할 수 있는 게 아니라, 다른 사람이 와도 할 수 있다. 그런 직장인에게 함께 일한다는 것은 결과보다 과정이다.

같은 분야에서 일하는 사람들에게 특정한 누군가만이 할 수 있는 일은 없다. 누가 하는지가 결과를 다르게 만들기는 하지만, 그 '누구'는 어떤 사람도 될 수 있는 것이다. 하지만 분명 차이가 있어서, 자신의 존재가 의미 있다. 차이가 있어서 다른 사람과 비교하고 비교당하지만, 그 차이 때문에 자신에게 충실해지는 것이다. 스스로 충실했다고 해서 그것이 객관적으로도 충실한지는 아무도 모른다. 하지만 시간이 지나고 나면 모두가 알게 된다. 모두가 알기 전에 자신이 먼저 안다.

공자께서 말씀하셨다. "그 사람이 하는 것을 보고, 그 동기를 살펴보고, 그가 편안하게 여기는 것을 잘 관찰해보아라. 사람이 어떻게 자신을 숨기겠는가?"

– 『논어』 「위정」편 39쪽

어떤 사람은 매사에 너무 꼼꼼한 반면 새로운 아이디어를 내거나 붙임성을 발휘하는 데는 약하다. 어떤 사람은 일이 주어지면 책임지고 해내지만 결과를 예상하기가 어렵다. 어떤 사람은 미리미리 중간 점검 절차를 거치는 반면 시간이 오래 걸린다. 어떤 사람은 주제가 주어지면 필요한 자료들을 잘 모으고 분석하지만 핵심을 요약하지 못한다. 어떤 사람은 사람들과 관계를 잘 유지해서 일이 막히는 경우가 없다. 어떤 사람은 세부 지식은 많은데 일에 어떻게 적용해야 할지를 잘 모른다. 어떤 사람은 객관적인 능력이 분명히 뛰어난데 모든 것을 혼자 다 하고 싶어 한다. 똑같은 사람은 없다. 함께 일하는 것은 서로 다른 개인을 이해하는 것이며, 도움을 주고받는 것이다. 서로 차이가 있음을 배우는 것이며, 그런 차이들이 서로 관계하며 함께하는 것임을 인식하는 것이다. 타인을 바꾸고자 하는 것이 아니라 자신이 맞추는 것이다.

공자께서 말씀하셨다. "만약 주공처럼 훌륭한 재능을 가지고 있다 하더라도, 교만하고 인색하다면, 그 나머지는 볼 것이 없다."

– 『논어』 「태백」편 100쪽

사람들은 "줄 잘 섰다"라는 말을 종종 쓴다. 어디서 어떤 의미로 시작되었는지 모르겠지만, 직장인에게 줄 잘 서는 것은 함께 일할 수 있는 상사나 동료들을 만나는 것이다. 함께 일하는 것은 타인을 이해하는 것이며, 자신을 발견하는 것이다. 차이를 인정하는 것이며, 차이를 인정받는 것이다. 이런 줄은 원한다고 만나는 것도 아니고 원하지 않는다고 비껴가는 것도 아니다. 함께 일한다는 것은 이런 줄을 만나는 것이며, 이런 줄이 되어주는 것이다.

공자께서 말씀하셨다. "군자는 섬기기는 쉬워도 기쁘게 하기는 어렵다. 그를 기쁘게 하려 할 때 올바른 도리로써 하지 않으면 기뻐하지 않는다. 그러나 군자가 사람을 부릴 때는 그 사람의 역량에 따라 일을 맡긴다. 소인은 섬기기는 어려워도 기쁘게 하기는 쉽다. 그를 기쁘게 하려 할 때는 올바른 도리로써 하지 않더라도 기뻐한다. 그러나 소인이 사람을 부릴 경우에는 능력을 다 갖추고 있기를 요구한다."

– 『논어』 「자로」편 151쪽

06

동감, 살아가는 법을
배우는 것

경쟁이 심하다고들 한다. 그걸 누구나 인정하며 사는 것 같다. 그런데 일상에서 스스로 경쟁하며 살고 있다고 생각하는 사람이 얼마나 될까? 혹시 모든 사람들이 경쟁한다고 하니 그런가 보다 하고 넘어가는 것은 아닐까? 분업화된 사회에서 자신의 일을 하며 사는 현대인들이 매 순간 누군가와 경쟁하며 살 수 있을까?

회사에는 구성원들에 대한 평가가 있어서 경쟁이 있다고 한다. 그러나 회사의 평가는 일하는 개인이 아니라, 주어진 과제에 대한 기여도를 판단하는 것일 뿐이다. 그 과정에서 뒤처져 보이는 사람도 있고, 앞서는 것처럼 보이는 사람도 있지만, 어찌 됐든 동일한 기준을 정하고, 서로 이기기 위해서 달린 경쟁의 결과는 아니다. 그래서 경쟁이 있어도 모두가 즐겁게 일할 수 있는 것이다. 그럼에도 불구하고 세상은 경쟁에 대해 너무 자극적으로 이야기한다. 경쟁하고 있다면 무엇에 대한 경쟁이고 경쟁의 결과는 무엇인가? 임원이 되는 것인가? 그렇다면 극소수의 임원을 제외한 나머지는 모두 패배자인가? 절대로 그렇지 않다. 임원이 되는 것이 사회적 성공으로 보인다는 것을 부정할 수 없지만, 임원이 된다고 삶이라는 달리기에서 승리하는 것은 아니다. 삶은 100미터 달리기가 아니라, 각자가 자신에게만 주어진 조건에서 자신만의 목표를 향해 달리는 것이다. 향하는 곳에 각자의 행복이 있고, 일하는 것은 그 목표를 향한 자신만의 길을 가는 것이다.

지금 좋은 평가를 받고 남들이 선망하는 직장생활을 하고 있다면, 모든 것에 감사해야 한다. 어떤 성공도 혼자 이룰 수 없다. 많은 사람들이 고민하고 노력한 결과가 누군가의 성공으로 포장되었을 뿐이다. 반대로 조금 불만족스러운 평가를 받았다고 해도 억울해하거나 우울해할 필요는 없다. 어쩌면 미세한 수준에서 오해받았을 수도 있다. 하지만 지금 하는 일의 성과가 그 정도에 있을 것이다. 또한 직장에서의 평가 중 어떤 것도 자신의 삶에 대한 평가가 아니다.

공자께서 말씀하셨다. "군자는 자신의 무능함을 근심하지, 남이 자기를 알아주지 않음을 근심하지 않는다." "군자는 일의 원인을 자기에게서 찾고, 소인은 남에게서 원인을 찾는다."

―『논어』「위령공」편 174쪽

육체적 노동력으로 경쟁하던 시대에는 승자나 패자나 수확량 차이가 조금 있더라도 모두가 생산적인 활동을 하고 공존하는 것이 가능했다. 그러나 지식노동의 시대에는 승자가 모든 것을 가지고 패자는 아무것도 가지지 못할 수도 있다. 그런 세상에서 한 조직에서 일한다는 것은 개인 간의 경쟁이 아니라 조직이 패자가 되지 않도록 공동의 경쟁자와 공동의 목표를 위해 함께 일하고 협력하는 것이다.

농업사회에서 산업사회로 전환되며 많은 것이 변했다. 도시 인구가 늘었고, 직장생활을 하는 사람들이 절대적으로 많아졌다. 과거 농경시대의 사회 공동체는 의미가 없어졌고, 도시 직장인들은 논밭이 아닌 사무실로 출근하고, 동료들과 함께 일하는 생활을 반복한다. 직장에는 부모님 같은 상사도 있고, 형제자매 같은 선후배도 있다. 직장인들은 가장 많은 시간을 이들과 함께한다. 그럼에도 사람들 대부분은 직장에서의 인연은 진실한 관계가 되기 어렵다고 생각한다. 누가 가르친 것도 아닌데 그렇게 생각한다. 스스로 그렇게 생각하니 자신이 타인을 대할 때도 그렇게 대한다.

애덤 스미스는 저서 『도덕감정론』에서 천성이 개인에게 관심을 가지는 순서로, 자기 자신, 부모, 자식, 형제자매 순이라고 했다. 그 이유는 가족에게 더 많은 동감을 느끼고, 자신의 행동이 미칠 영향도 잘 알기 때문이라고 했다. 가족이라는 울타리 안에서 서로 적응하도록 강제하며 살아본 경험을 통해 서로에 대한 동감의 정도가 높아진 것이다. 우리가 애정이라고 말하는 것도 이렇게 함께하면서 갖게 된 습관적인 동감이라고 했다. 반면 우정에 대해서는 이렇게 썼다.

젊은이들의 성급하고 맹목적이며 어리석은 친교는 통상 성격상의 사소한 유사성에 근거하고 있고, 품행과는 전혀 관계없이 서로 같은 학습, 같은 오락, 같은 취미, 또는 일반적으로 받아들여지지 않는 특이한 원리나 관점에 대한 같은 의견에 근거하고 있다. 변덕이 죽 끓듯이 반복되는 이러한 친교들이 지속되는 동안에는 비록 그것들이 아무리 좋은 것처럼 보인다 하더라도, 그것들은 결코 우정이라는 신성하고 존경할 만한 이름으로 불릴 가치가 없다.

서로 차이가 있어도 강제하는 상황에서 오랜 시간 함께한 동감의 경험이 없는 친구 관계라면 진정한 우정이라고 할 수 없다고 한 것이다.

진실로 사귀어 좋지 않고, 다만 장난하고 농담하는 일을 가지고 서로 친한다면 어찌 오래 그 정분이 소원해지지 않을 수 있으랴.

– 『동몽선습』 박세무 지음, 이기석 역해, 홍신문화사, 2001 53쪽

직장인들은 대부분의 시간을 동료들과 보낸다. 강제하는 상황을 수도 없이 경험하고, 서로 간의 차이를 수도 없이 겪으면서도 동감하는 감정을 만들지 못한다. 대신 경쟁의 틀을 만들고, 수동적이고 재미없는 관계로 이끈다. 그러나 직장 동료는 때로는 불편도 감수하고, 때로는

도움도 받고, 원하지 않는 강제적인 상황도 함께하는 이웃이다. 동감의 감정을 가장 많이 느껴야 하는 대상이다. 일상을 살아가는 데는 거창한 이론이 필요하지 않다. 회사 동료들과 이웃하기 위하여 자유가 어떻고 존재가 어떻고 하며 어려운 이론을 들먹일 필요도 없다. 부자연스럽게 만들어진 외부로 향한 마음의 틀을 내부로 향하도록 바꾸기만 하면 된다.

맹자께서 말씀하셨다. "도道는 가까운 데 있는데 사람들이 그것을 먼 데서만 구하려고 힘쓰고, 사람이 해야 할 일은 너무도 쉬운 것인데 그것을 어렵고 희한한 것에서 구하려고 힘쓴다."

- 『맹자 사람의 길』 「이루」 상 403쪽

말은 좋은데 잘 안 된다. 왜 안 될까? 수익을 목표로 하는 회사이기 때문은 아니다. 오히려 분명한 목표가 있고, 공동의 경쟁 상대가 있기 때문에 훨씬 더 잘될 수도 있다. 문제는 경쟁이 아님에도 스스로 경쟁이라고 느끼기 때문이다. 그래서 동감하지 못하기 때문이다. 스스로 그렇게 묶어놓고, 다른 사람도 그렇게 느끼도록 행동하기 때문이다. 함께 일하는 과정에서 의견 차이가 생기는 것은 당연하며, 그런 차이가 있어서 자신의 존재가 의미 있고, 발전하고 성장해나가게 되는데도, 그런 차이를 함께하는 과정으로 바라보지 않기 때문이다.

공자께서는 네 가지를 절대로 하지 않으셨다. 사사로운 뜻을 갖는 일이 없으셨고, 기필코 해야 한다는 일이 없으셨으며, 무리하게 고집부리는 일도 없으셨고, 자신만을 내세우려는 일도 없으셨다.

– 『논어』「자한」편 105쪽

회사 생활을 경쟁이라고 생각하지 않는다는 느낌을 주는 직원도 있다. 그렇다고 해서 그들이 부당하게 나쁜 평가를 받지도, 좋은 평가를 받지도 않는다. 경쟁이라고 생각하고 정말 경쟁하며 생활한다는 느낌을 주는 직원도 있다. 그들도 마찬가지다. 기여도에 맞지 않게 부당하거나 과도한 평가를 받지 않는다. 부하 직원을 자식이나 동생이라고 생각하고 일해보자. 상사나 선배를 부모나 형제자매처럼 생각하며 일해보자. 동료들을 친구처럼 대하며 일해보자. 모두가 부족하지만 동시에 모두가 힘이 되어주고 있음을 느껴보자. 가끔씩은 고집도 부려보자. 때로는 배려하고 공유하고 도와주고 참아보자. 그렇게 한다고 성과를 많이 낼 수 있는데 못 내지 않는다. 칭찬받을 일이 욕으로 되돌아오지도 않는다. 오히려 우리가 살아가야 하는 법이 거기에 있음을 배우고 깨우치게 된다. 알지 못하는 가운데 동감의 감정을 만들어낸다.

07

전문성,
자아가 나아가는 길

2008년 말콤 글래드웰Malcolm Gladwell 은 『아웃라이어Outliers 』 김영사, 2009 라는 책에서 '1만 시간의 법칙'을 소개했다. 그 후 1만 시간은 어떤 분야에서 최고의 경지에 이르기 위해 투자해야 하는 시간으로 인식되었다. 그 후 2015년에 1만 시간의 법칙이 나오게 된 이론의 최초 논문 저자인 안데르스 에릭슨Anders Ericsson 이 로버트 폴Robert Pool 과 함께 쓴 『1만 시간의 재발견』 비즈니스북스, 2016 이라는 책을 통해 '1만 시간의 법칙'이 오해하고 있는 세 가지를 지적하고, 최고의 경지에 오르기 위해서 진정 필요한 것들을 재조명했다. 이들은 우선 말콤 글래드웰이 주장한 1만 시간의 법칙을 다음과 같이 요약했다.

이 법칙에 따르면 대부분 특정 분야에서 거장의 경지에 오르려면 1만 시간의 연습이 필요하다. 이것은 사실 1993년의 연구 보고서에서 우리가 최고 수준의 바이올린 연주자가 20세가 되기까지 혼자 하는 연습에 쏟은 평균 시간으로 제시한 숫자였다. 글래드웰이 직접 추산한 것을 보면 비틀스는 1960년대 초반 독일 함부르크에서 라이브 공연을 하면서 대략 1만 시간 연습했고, 빌 게이츠 역시 대략 1만 시간 동안 프로그래밍을 한 뒤에 마이크로소프트를 설립하여 성장시킬 정도의 실력을 가질 수가 있었다. 글래드웰에 따르면, 일반적으로 이 법칙은 인간이 무언가를 성취하려고 노력하는 사실상 모든 분야에 적용된다고 한다. 말하자면 대략 1만 시간의 연습을 하지 않고는 어떤 분야에도 전문가가 되지 못한다는 것이다.

- 『1만 시간의 재발견』 178쪽

그러고 나서 1만 시간의 법칙에 대해 다음과 같이 오류를 지적한다.

첫째, 1만 시간이라는 숫자에는 특별할 것도 신기할 것도 없다. (…) 둘째, 최고의 바이올린 연주자가 20세까지 연습한 총량이라는 1만 시간이라는 숫자는 실험 참가들의 평균일 뿐이다. (…) 셋째, 글래드웰은 우리 연구의 대상이자 음악가들이 실행했던 '의식적인 연습'과 '연습'이라고 부르자면 부를 수도 있을 다른 활동들을 구별하지 않았다.

- 『1만 시간의 재발견』 178~179 쪽

이들이 말하고자 하는 핵심은 어떤 분야에서 전문가가 되려면 많은 노력이 필요하지만, 중요한 것은 연습의 절대적인 시간보다 '의식적인 연습'이라는 것이다.

저자들이 말하는 단순한 연습은 말 그대로 동일한 일을 반복하는 것이다. 그런데 동일한 일을 반복하고 노력하면 실력이 나아질 것이라고 생각하는 게 착각이라고 한다. 의식적인 연습은 "명확하고 구체적인 목표를 가지고 있어야 하고, 집중이 필요하며, 피드백이 필요"하다는 차이가 있다. 그리고 "자신의 컴포트 존에서 벗어날 것"을 요구한다. 현재의 익숙함에 만족하지 않고 배우고 변화하고 발전하고자 하는 도전 정신이 있어야 한다는 것이다. 『1만 시간의 재발견』에서는 이런 의식적인 연습을 한 결과로 전문가는 "심적표상"을 갖게 된다고 했다. 연주자가 새로운 곡을 연주하고자 할 때 보통 연주자는 악보에 표시된 음표에 따라 연습을 시작하지만, 전문가는 그 곡을 어떻게 전개할지 머릿속에 먼저 선명하게 그린 후에 연습을 시작한다고 한다. 그때 연습 전에 미리 머릿속에 그리는 연주 상황이 심적표상이다.

일반적으로 전문성을 키운다고 하면 세상에 없는 새로운 것을 만들어내는 것을 의미하는 게 아니라 기존에 존재하는 어떤 분야에서 최고 수준에 이르는 것을 말한다. '1만 시간의 법칙'의 이론적 근거로 제시되는 실험들인 숫자 외우기, 체스, 비행기 조종, 악기 연주 등도 모두 주어진 방식과 목표가 있고, 결과를 객관적으로 평가할 수 있는 분야에서 진행되었다. 또한 이런 분야에서의 전문성은 여러 명의 참여자와 복잡한 관계를 가지는 것이 아닌, 개인이 노력해서 획득할 수 있는 것들이다.

　직장인들도 각자 속한 전문 분야가 있고, 거기에 필요한 지식을 쌓고 전문가가 되기 위해 의식적인 노력을 한다. 그러나 직장인의 일은 악보로 정해져 있는 것도, 그 악보를 연주하는 최고의 방법이 있는 것도 아니다. 목표가 한 가지도 아니고 혼자 할 수 있는 것도 아니다. 끊임없이 변화하는 환경에서 매일 새로운 문제를 해결해야 하며, 누군가와 함께해야 한다. 직장인에게 전문가가 된다는 것은 오랜 기간에 걸친 노력으로 어떤 분야에서 최고의 경지에 오르는 데 있는 것이 아니라, 항상 변화하는 환경에 맞추어 나아갈 수 있는 자신을 만드는 데 있다. 혼자만 살아가는 것이 아니라 관계하며 살아가는 존재임을 함께 일하는 과정 속에서 느끼고 깨달으며 실천해가는 데 있다. 그래서 그들이 그리는 심적표상에는 일에 대한 전문성만 있는 것이 아니라, 자아가 나아가고자 하는 길이 함께 있다. 무명無名의 자아가 만들어가는 자신만의 길이 함께 있다. 그 길은 누구나 성취할 수 있는 것이지만, 투자한 시간으로 평가할 수도, 전문가가 평가할 수도 없고, 오로지 자신만이 평가하고 판단할 수 있다. 누군가와 함께 일하며 살아가는 우리 모두는 그 길을 찾기 위해 고민하고 질문하며, 그 길을 가기 위해 수용하고 변화한다. 일상에서 마주하는 도전을 거부하지 않고 의식적으로 대항하며 나아간다.

맹자께서 말씀하셨다. "소목장, 대목수, 수레바퀴공, 수레거푸집 장인과 같은 최고의 기술자들도 후학들에게 콤파스와 곡척의 원칙을 가르쳐줄 수는 있으나, 후학들로 하여금 명인의 솜씨를 가질 수 있도록 만들어줄 수는 없다. 그것은 오로지 자득하는 것이다."

－『맹자 사람의 길』「진심」하 795쪽

CHAPTER 4

우리의 삶이
인문학이고
철학이다

01

그대, 무엇을 꿈꾸는가

/

의식적으로 혹은 무의식적으로, 대답을 기대하며 또는 특별히 기대하는 대답도 없으면서 우리는 묻는다. 꿈이 무엇이냐고, 커서 뭐가 되고 싶냐고. 나이가 쉰이 넘은 지금도 마찬가지다. 어떤 지위에 있건, 부를 얼마나 쌓았건 관계없이 오늘 다시 묻는다. 꿈이 무엇이냐고.

꿈이 뭐냐고 물으면 누구나 현재의 자신을 반영한 꿈을 이야기한다. 초등학생은 초등학생의 꿈이 있고, 중학생, 고등학생, 대학생은 각각 그들에 맞는 꿈이 있다. 사회로 나와 스스로 길을 결정하고 만들어가야 하는 세상에서는 거기에 맞춘 꿈을 꾼다. 모두들 그렇게 꿈꾸며 상상하며 기억하며 현재를 산다. 거창한 꿈도 있을 테고, 작고 소박한 꿈도 있을 것이다. 꿈은 그것이 무엇이든 오늘을 살아가게 하는 힘이며, 현실이 조금 힘들더라도 그 속에서 자신의 이야기를 만들어가게 하는 원천이다.

나는 어릴 때 누가 물으면 선생님이 되고 싶다고 했다. 왜 선생님이 되고 싶냐고 물어본 사람은 아무도 없었던 것 같다. 나 스스로도 깊게 생각할 만큼 성숙하지도 않았다. 지금 나에게 다시 물어본다. 그때 왜 선생님이 되고 싶다고 대답했냐고. 왜였을까? 기억나는 것은 없지만 분명한 게 있다면, 내가 교육자로서 의식을 가지고 인재 양성의 의미를 이해하고 대답한 것은 아니라는 것이다. 어린 초등학생의 눈에 비친 선생님은 모르는 것이 없고, 뭐든지 해결할 수 있고, 멋있어 보이고, 모두가 의지할 수 있는, 딱 꼬집어 말할 수는 없지만, 막연히 닮고 싶은 존재이지 않았을까? 그래서 나도 그렇게 되면 좋겠다고 생각했을 것이다. 그리고 꿈이 이루어진 미래의 어느 날을 상상하며 어딘지 불만족스럽고 빨리 탈피하고 싶었던 현재를 살았을 것이다.

정확하게 언제부터였는지는 기억이 없지만 어느 정도 성장한 즈음부터, 쉰 살까지는 돈을 벌고, 50대에는 정치를 하고, 60대에는 인생이 무엇인지에 대한 책을 쓰는 것이 꿈이라고 말하곤 했다. 쉰 살까지 돈 벌겠다는 것이 중요한 게 아니다. 그보다 쉰 살이 넘으면 인생이 무엇인지 알게 될 것이라고 기대했다. 그래서 50대에는 정치를 해서 세상에 도움이 되고, 궁극적으로는 인생이 무엇인지를 책으로 쓰고 싶었다. 그런 꿈을 꾸며 지낸 시간이 쌓여서 쉰 살을 넘긴 오늘까지 왔다. 꾸준히 책을 읽었고, 일하고 살아가면서 경험하고 배우기도 했다. 인생이 무엇인지 알고 싶어 읽었던 책들은 인생이 무엇인지 말해주지는 않았지만, 분명한 것은 그런 과정이 모여서 오늘의 내가 되어 있다는 것이다.

책을 읽지 말라고 말한 고승이 있었다. 책을 많이 읽어야만 읽어야 하는지, 읽지 않아도 되는지 알 수 있을 테니, 그런 말을 하기까지 이래 저래 책을 읽지 않을 수 없었을 것이다. 또한 단순히 읽는 데 그치지 않고 자신의 삶, 고민과 비교하기도 하고, 생각도 많이 했을 것이다. 그런 데 그렇게 시간과 에너지를 투자한 후에 깨우친 인생은 어렵게 설명할 것도, 어려운 책을 통해 배워야 하는 것도 아닌, 거기까지 이르는 과정 자체임을 그렇게 표현했는지도 모른다. 책을 읽지 말라는 것이 아니라, 삶을 통해서, 자기 자신을 통해서 깨우치라는 의미였을지도 모른다. 그렇게 깨우치는 삶은 공부해서 어느 날 터득하는 것이 아니라 꿈꾸며 번뇌하며 살아가는 과정이다. 그 과정이 바로 현재이며, 현재에는 끊임없이 고민하고 행동하고 또 고민하고 번뇌하는 자신이 있을 뿐이다. 그런 자신을 발견하고 나면, 책을 읽을 필요가 없다고 말할 수 있을지도 모른다.

나는 대학 졸업과 함께 직장생활을 시작했다. 내가 어떤 일을 하게 될지 모르면서 입사를 했고, 입사를 해서는 어떤 사업 분야로 배치될지 모르고 신입사원 교육을 받았고, 메모리 분야에 배치되어서는 어떤 부서에서 일하게 될지 모르고 기초 교육을 받았다. 그런 과정을 거쳐 최종적으로 일할 부서가 정해졌고, 그렇게 정해진 일이 삶이 되었다. 나의 젊은 날은 회사원으로 산 시간이었으며, 회사에서 일하는 것이 일상이 되었고, 가족을 부양하는 수단이 되었고, 오늘의 나로 연결된 모든 것이 되었다. 나의 꿈도 그 속에서 밀려가며 끌어가며 오늘까지 왔다. 직장에서 훌륭한 선배, 동료, 후배들을 만나서 배우고 즐겼으며, 도전과 성취도 있었다. 그러나 그런 것들은 피상적일 뿐이다.

조직의 일원으로서 직장생활을 한다는 건 단순히 어떤 것을 이루거나, 어떤 자리에 오르거나 많은 돈을 벌기 위한 것이 아니라 꿈꾸고 이루고 싶은 무언가를 향해 나아가는 과정이다. 어디에서 어떤 일을 하든, 막연하더라도 항상 자신과 함께하는 꿈을 향해 나아가는 것이다. 그 과정에서 고민하고, 행동하고, 반성하며 살아가는 것이다. 그 꿈이 무엇인지, 어디에서 오는지 아무도 가르쳐주지 않지만, 그럼에도 우리 모두는 오늘도 그 궁극의 꿈을 꾸며 산다. 그래서 오늘을 살 수 있으며, 어제도 내일도 아닌 오늘이 소중한 것이다.

우리 모두는 때에 맞는 삶을 살고, 때에 맞는 꿈을 꾼다. 20대에는 20대의 꿈을 꾸고 20대의 삶을 산다. 50대에는 50대의 꿈을 꾸고 50대의 삶을 산다. 현실이 힘들 때도 있지만, 그 현실을 살았고, 살고 있고, 또 살아갈 것이다. 우리는 선진국이라고 불리는 나라에 살고 있는 것도 아니며, 가난하지만 행복지수가 높다는 나라에 살고 있는 것도 아니다. 가난했던 과거 대한민국에 살고 있는 것도 아니며, 오늘 바라보고 있는 현실 속에 살고 있다. 우리 모두가 꾸는 꿈은 그 속에서 행복하게 사는 것이다. 그 속에서 잘 먹고 잘 사는 것이다. 그러나 모든 사람에게 동일하게 적용되는 하나의 삶의 기준은 없다. 모든 것은 자신의 내면에 있다. 무엇을 이루었고, 어떤 위치에 올랐는가와 관계없이 끊임없이 일어나는 번뇌와 방황 속에서 살아가는 자신 속에 있으며, 그 자신을 찾으며 살아가는 과정 속에 있다.

너의 길을 걸어가라. 사람들이 무어라 떠들든 내버려두어라. 단테

　우리는 꿈을 향해 나아가는 삶을 꿈꾼다. 누군가와 비교당하기도 하고 비교하기도 하면서 살아가지만, 그 과정에서 자신만의 삶을 살 수 있기를 꿈꾼다. 그것이 어려워서 방황하기도 하고, 흔들리기도 한다. 자신의 삶을 산다는 것은 미래 어느 날의 어떤 것에 있는 게 아니라, 매일매일 이루어가는 작은 부분에 있다. 미래의 꿈을 위해 오늘의 불편함을 선택할 수 있으며, 커가는 아이들의 건강한 미소에서 미래를 느낄 수 있다. 언젠가 임원이 되기를 꿈꾸며 오늘을 열심히 살아가는 직장인의 꿈은, 임원이 되어 있을 미래의 자신이 아니라, 오늘의 직장생활을 즐겁게 해주므로 아름다운 꿈이다.

　우리 모두는 불확실한 미래 때문에 방황하고 꿈꾸기도 하지만, 그 모든 것은 미래가 아니라 바로 지금 자신의 삶을 살아가는 오늘에 있다. 20대는 20대에 맞는 꿈이 있어서 아름다우며, 50대는 50대에 맞는 꿈이 있어서 아름답다. 우리는 미래 어느 날의 거대한 어떤 것이 아니라, 하루하루 행복한 오늘을 꿈꾼다. 우리는 미래 어느 날의 득도得道

가 아니라, 지금 이 순간 편안한 자신을 꿈꾼다. 우리 모두는 미래를 꿈꾸며 살지만, 그 꿈은 미래에 있는 것이 아니라 최선을 다하는 오늘에 있다.

02

오늘이 미래다

만약 당신에게 "돈이 많으면 행복할까요?"라고 묻는다면 뭐라 대답하겠는가? 분명히 "아니오"일 것이다. 돈 말고도 중요한 것이 너무 많기 때문이다. 건강하지 않으면 돈이 무슨 의미가 있겠는가? 가진 돈으로 위해줄 누군가가 없다면 무슨 의미가 있겠는가? 그럼 "가족과 친구만 있으면 행복할까요?"라고 묻는다면 뭐라고 대답할까? 역시 대답은 "아니오"일 것이다. 적정한 경제력이 없다면 무엇을 할 수 있겠는가? 공부만 잘하면 행복할까? 능력이 있으면 행복할까? 명예가 있으면 행복할까? 대답은 모두 "아니오"일 것이다. 삶을 채우고 지탱하고 행복하게 해주는 것은 많은 사람들이 동경하는 어떤 특정한 것 하나가 아니기 때문이다. 무수히 많은 작은 것들이 모여서 삶을 이루고, 그 작은 것들이 있어서 행복할 수 있기 때문이다. 필요한 것이 필요한 때에 있어서 행복하기 때문이다. 일해야 할 때 일하기 때문에 행복하고, 친구가 필요할 때 친구가 있기 때문에 행복하다. 특정한 어떤 것이 많거나 높아서 행복한 것이 아니라, 작더라도 빠진 것 없는 편이 행복하다. 때로는 특정한 데 치우쳐 불균형 상태에 빠지더라도, 결국은 자신에게로 돌아오기 때문에 행복할 수 있다.

사회적으로 성공한 사람들의 이야기를 접하며 우리는 그들의 부각된 부분에 열광한다. 모두가 '나도 그런 삶을 살아보았으면' 하고 동경한다. 그러나 그들은 훗날 영웅이 될 자신을 예상하며 산 것이 아니라, 주어진 상황에서 최선을 다했을 뿐이다. 세계 최고의 부자인 빌 게이츠는 대학생 때 마이크로소프트 사를 창업하고, 후에 컴퓨터 시대가 열리자 세계 최고의 경영자, 최고의 부자가 되었다. 그러나 그가 회사를 설립할 때는, 그 회사가 미래에 전 세계 OS 시장을 평정하고 자신이 세계 최고 갑부가 되리라고는 상상도 하지 못했을 것이다. 그는 다만 자신에 충실했고 컴퓨터가 태동하던 시대에 새로운 것에 끌려서 열심히 노력했을 뿐이다. 그리고 시대적 운을 잡을 수 있는 기회가 왔을 때 잡을 준비가 되어 있었기 때문에 성공으로 이어진 것이다. 오늘날 대부분의 스마트폰에 사용되는 안드로이드 OS의 기반이 된 리눅스를 처음 개발한 리누스 토발즈Linus Benedict Torvalds 는 자신의 개발 이야기를 다룬 책『리눅스*그냥 재미로Just for Fun 』한겨레출판, 2001 에서, 책 제목처럼 단지 호기심과 재미 때문에 리눅스를 개발했다고 했다. 빌 게이

츠와 마찬가지로 젊은 시절에 열정을 가지고 노력한 결과, IT 역사에 혁명적인 역할을 했지만, 결실이 자신에게 돌아온 것은 아니다. 시간이 지난 후에 이들 두 사람에게 주어진 사회적 성공의 크기는 달랐다. 그렇지만 그들은 결과에 관계없이 주어진 시점에서 스스로 선택한 일에 열정적이었다는 점에서 동일하다. 첨단 제품을 기획하고 세계적인 회사를 일구어낸 경영자, 노벨상을 받고 과학계를 발전시킨 과학자, 인류평화를 위해 봉사한 사람들, 그 외에도 수많은 영웅과 성공적인 삶을 산 사람들이 있다. 그들의 삶도 마찬가지였을 것이다. 그들은 영웅처럼 되기 위해서 노력했기 때문이 아니라, 현재에 심취했기 때문에 성공을 이룰 수 있었을 것이다.

모두가 미래를 꿈꾸지만 누구도 미래를 알 수는 없다. 우리 모두는 다른 사람들과 마찬가지로 성공을 희망하며 자신의 삶을 살 뿐이다. 미래에 할 일까지 계획하고 살아가는 것이 아니라, 주어진 때에 주어진 현실에 최선을 다하며 사는 것이다. 공자는 15세에 학문에 뜻을 두었고, 30세에 자립, 40세에 불혹, 50세에 하늘의 뜻을 알았다고 했다. 뒤집어 말하면 50세가 되기 전에는 하늘의 뜻을 알지 못했고, 40세가 되기 전에는 유혹에 흔들렸으며, 30세가 되기 전에는 자립하지 못했다는 의미이기도 하다. 30대를 살면서 40에 불혹, 50대에 지천명의 경지에 이를 거라고는 생각도 못했을 것이다. 다만 때에 어울리는 노력을 했고, 그 결과 때에 어울리는 성취를 이룬 것이다.

우리 사회에도 많은 성공한 사람들이 있다. 경제적으로, 정치적으로, 학문적으로 대중에 알려지고 유명해진 사람들, 대중적이지는 않지만 사회 구석구석에서 세상을 보듬으며 작은 등불이 되는 사람들, 매일 출퇴근하여 주어진 일을 하고 수입으로 가족들과 함께 살아가는 평범한 사람들, 모두가 성공한 사람이 될 수도 있고, 실패한 사람이 될 수도 있다. 성공이란 외면적으로 보이는 모습으로가 아니라 자기 자신에게 충실할 때 이룰 수 있다. 세상에는 많은 일들이 일어나고, 다양한 사람들이 살아가지만, 일하는 일상이 있고 화목한 가족과 기댈 수 있는 친구가 있는 삶보다 성공한 삶은 없을지도 모른다. 이런 것들은 주변에 널려 있는 것 같아서 가볍게 넘길 수도, 또 가볍게 넘겨지기도 하지만, 누구나 가질 수 있는 것은 아니다. 일이 없으면 일이 없어서, 돈이 많으면 돈 때문에, 아픈 가족이 있으면 건강 때문에, 다양한 이유로 한 가족이 화목하기는 생각처럼 쉽지 않다. 돈이 없어지면 떠나는 것이 친구이고, 명예나 지위가 떨어지면 떠나는 것이 친구라고도 하지 않는가? 회사에서 상사 주변의 사람들을 보라. 상사가 아닐 때에도 함께해 주는 사람이 몇이나 있나? 동료들은 어떤가? 단기적으로 보면 승진이 전부인 것 같고 돈이 다 같지만, 조금만 둘러보면 그 외에 더 중요한 것들이 많다. 2000년대에 들어와서 행복에 대한 많은 연구들이 진행되었고, 행복 강의도 많아졌다. 그런데 어떤 연구나 강의도 돈이나 명예가 제일 중요하다고 이야기하지 않는다.

스스로 행복을 위해 필요하다고 생각하는 것, 갖고 싶은 것을 모두 적어보라. 그리고 나서 다시 하나씩 버려야 한다면 무엇을 버릴지 지워보라. 다섯 개가 남을 때까지 지우니 무엇이 남았는가? 넷, 셋, 둘이 남을 때까지 지우고 나니 남은 두 개는 무엇인가? 하나만 남긴다면 무엇을 남기겠는가? 정답이 없지만, 어떤 사람이건 마지막에 남아 있는 것들은 대부분 비슷하다. 살아가는 의미는 마지막에 남은 그 몇 가지가 삶의 중심에서 멀어지지 않을 때 충만해진다.

어떤 것은 나이 들기 전에는 이해하기 어렵고, 어떤 것은 나이가 들기 전에는 아예 이해가 불가능할 수도 있다. 아무리 책을 많이 읽고 공부를 많이 해도, 겪어보기 전에는 이해할 수 없는 것도 많다. 자신만을 바라보고 욕심을 가지고 공격적으로 살아가는 시절은 누구에게나 있다. 그런 시기에는 누가 뭐라 해도 열정을 가진 일에 모든 것을 쏟아붓고, 열정의 크기만큼 열심히 노력하는 것이 자연스럽다. 열정을 가지고 사는 사람은 보상에 대한 기대 때문에 열정적으로 사는 것이 아니다. 그렇다고 의무감 때문도 아니다. 그저 내면이 이끄는 대로 자신에게 충실하게 사는 것이다. 그래서 20대에는 20대의 열정이 있고, 30대에는 30대의 열정이 있으며, 모든 것에는 때가 있고, 때에 맞을 때 자연스럽다. 일해야 할 때 일하고, 성과를 내야 할 때 성과를 내고, 연륜의 지혜가 필요할 때 지혜로울 수 있다.

열정을 가진 사람은 뒤돌아보지 않는다. 열정에 대한 보상이 기대에 미치지 못하면 실망할 수도 있다. 그러나 그렇다고 해서 삶을 우울하거나 불행하게 생각하지 않는다. 자신의 삶에 충실한 것 자체가 가장 큰 의미이기 때문이다. 그렇게 살아간 시간과 경험이 쌓여서 스스로를 더 높은 경지로 이끌어간다. 우리 모두가 바라보며 기대하는 미래는, 어제까지 채운 것이 모이고, 오늘 채우는 것이 더해져서 만들어진다. 채워진 것은 지울 수 없고, 앞으로 무엇을 채울지 정해지지 않은 것이 미래다. 20대를 채우고, 30대를 채우고, 그렇게 인생이라는 시간이 걸려서 채워지는 것이 미래다. 20대에는 20대에 채울 것을 채우고, 30대에는 30대에 채워야 하는 것을 채우는 것이 미래다. 어떻게 채워질지 미리 알 수 없지만, 오늘 채워야 할 것을 오늘 채우지 못하면 다시는 채울 수 없는 것이 미래다. 오늘의 자신이 있어서 내일의 자신이 있고, 그렇게 자신이 모여서 미래의 자신이 된다. 오늘의 자아가 있어서 내일의 자아가 있고, 그렇게 쌓여서 미래의 자아가 된다. 그래서 자신을 알고자 하는 사람은 가끔씩 한 발 물러서서 바라본다. 현실을 직시하고, 어떤 분야에서 어떤 일을 하든 스스로를 긍정하고, 자신이 하고 있는 일에서 자신을 찾는다. 미래를 위한다는 이유로 불만스러운 오늘을 살지 않으며, 현재의 자신을 사랑한다.

03

돈을 번다는 것

　나는 지금까지 일해서 충분한 돈을 저축했을까? 당신은 충분한 돈을 벌고 있는가? 미래를 위해 충분히 저축하고 있는가? 어느 정도가 충분한지는 사람마다 다르다. 나와 나의 아내도 의견 통일이 되지 않는다. 적정한 수준에 대한 절대적인 기준은 없다. 수십억짜리 집을 살 만한 돈도 아니고, 살 집을 구하지 못해 걱정하는 수준도 아니다. 자신의 꿈은 자신만이 알듯이, 자신에게 필요한 돈이 얼마인지도 자신만이 안다. 스스로 알아야 하고, 알았으면 일해서 벌어야 한다.

　경제는 발전했는데 개인은 가난해졌다는 말을 한다. 정부가 복지를 아무리 늘려도 그것을 해결해줄 수는 없다. 과학기술은 점점 발전하고 생존에 필요한 것들에 대한 기계 의존도는 점점 높아질 것이다. 기계로

창출한 부가가치는 더 발전된 기계를 만드는 데 투자할 테고, 그러면 경제는 발전할 것이다. 그러나 그런다고 해서 사람들이 더 많이 먹는 것도 아니며, 더 많이 입지도 않고, 잠자는 것이 달라지지도 않는다.

화려한 도시, 편리해지는 생활환경 속에서 개인은 점점 가난해진다. 생산에서 기계 의존도가 높아질수록 인간에게 남는 상대적인 부가가치의 양은 줄어들 수밖에 없다. 과거 농경시대의 노동력과 비교하면, 현대 사회에서 인간 노동력의 상대적인 부가가치는 기계의 그것이 높아진 만큼 낮아졌다. 높아진 기계의 생산성이 개인의 삶에 직접적으로 필요한 데 사용되지 않는 한, 시간이 갈수록 개인은 가난해질 수밖에 없을 것이다. 사회 기반 시설은 점점 편리하고 안전해지지만, 일단 갖추어지고 나면 그것은 당연해지고, 거기에 투입한 재화들이 주는 효용가치는 체감되지 않고 상대적으로 낮아진다. 경제를 발전시키는 부가가치들은 기본 생활과 점점 멀어지고, 개인은 더 가난해진다. 개인이 가난한 것이 아니라, 상대적으로 가난하게 느껴지는 세상으로 밀려갈 수밖에 없다.

그러나 변화하며 발전하는 경제가 우리에게 주는 것은 돈이 아니라 일이다. 그래서 삶에 필요한 최소한의 수입이 있는 사람은 가난하지 않다. 삶은 돈만 있다고 행복한 것이 아니다. 건강도 필요하고, 친구도 필요하고, 가족도 필요하며, 건강한 사회도 필요하다. 스스로 부족하다고 느낀다면 주변을 둘러보라. 서로 아끼고 사랑해주는 가족, 건강한 육체, 가끔씩 만나서 소주 한잔할 수 있는 친구, 그리고 최소한의 소득이 있다면 충분히 가진 것 아닌가? 그러나 최소한의 수입이 없는 사람에게는 나머지도 아무런 의미가 없다. 경제가 발전하고, 사회 기반 시설이 아무리 훌륭하게 갖추어져도, 돈이 없으면 물 한 모금도 구할 수 없는 도시에서, 자신에게 필요한 최소한의 소득도 만들어내지 못하는 삶은 행복할 수 없다.

건강하고, 빚이 없고, 양심에 거리낌이 없는 사람의 행복에 무엇이 더 해져야 하는가? 이러한 상황에 있는 사람에게는 추가되는 어떤 행운도 남아도는 여분의 것이 되어버린다고 말할 수 있다. 그리고 만약 그가 추가된 행운에 매우 들떠 있다면 그것은 틀림없이 극히 경박한 경거망동의 결과일 것이다. (⋯) 그러나 비록 건강하고 빚도 없고 또한 양심에 거리끼는 것이 없는 상태에 더 추가되어야 할 것은 별로 없다고 하더라도 그것으로부터 빼앗을 수 있는 것은 많다. 이런 상태와 인간의 최고의 순경順境사이의 간격은 대단치 않은 것이라 하더라도, 그러나 그런 상태와 비참함의 최저 밑바닥 상태 사이의 거리는 무한하고 엄청나다. 이 때문에 순경이 사람의 마음을 자연적인 상태 이상으로 고양高揚시키는 정도보다도 역경逆境이 사람의 마음을 자연적인 상태 이하로 저상沮喪시키는 정도가 훨씬 더 크다.

-『도덕감정론』81쪽

지금 당신은 얼마를 벌고 얼마를 지출하는가? 지출은 주로 어디에

하는가? 행복에 반드시 필요한 부분에 지출하는 것은 얼마인가? 어떤 사람은 비싼 양주를 마시고, 어떤 사람은 저렴한 소주나 막걸리를 마신다. 어떤 사람은 비싼 커피를 마시고, 어떤 사람은 자판기 커피를 마신다. 왜 일하고 왜 돈을 벌고 어디에 어떤 이유로 소비를 하고 있는가? 불필요한 소비를 하느라 더 많은 돈을 벌고 싶어 하고, 더 많은 돈을 벌기 위해 더 많이 일하고, 그래서 더 많은 스트레스를 받고 있는 것은 아닌가? 과도한 급여나 승진에 대한 기대보다, 적정 수준으로 일하고 필요한 만큼 돈을 벌고, 그 돈을 필요한 데 사용하고, 그래서 스스로 더 만족하는 삶을 살 수는 없는 것일까? 멀쩡한 옷을 버리고 새옷을 사기 위해 밤늦게까지 일하고, 멀쩡한 제품을 버리고 유행에 맞는 새로운 것들을 사느라고 주말에도 일하면서 자신의 삶을 불만족스럽게 만들고 있지는 않은가? 소비하며 경험하는 순간의 쾌락은 뇌에 저장되어 또 다른 쾌락을 원하게 되고, 불필요한 돈을 벌기 위해서 더 많은 시간 일해야 하고, 더 많은 스트레스에 시달린다. 그런 생활이 반복되면 친구 관계도 소원해지고, 가족과 함께하는 시간도 적어지고, 결국은 불행하다고 느끼는 삶에 가까워진다.

이런 삶을 스스로 선택했다면 불평하지 말아야 한다. 불평은 자신에 대한 부정이다. 더 많은 허영을 채우느라 더 많이 일하고 더 많은 스트레스를 받았더라도 자신을 위한 것으로 생각하고 만족해야 한다. 아니라면 삶을 바꾸어야 한다. 자신을 바라보는 태도를 바꾸어야 한다.

행복happiness 에 대한 가장 인기 있는 정의는 '주관적 안녕감subjective well-being '입니다. 안녕安寧이란 평안하다는 의미인데, 즐거움이라기보다는 오히려 특별한 사건이 없는 편안한 상태를 의미합니다. 여기에는 직장, 건강, 가족 등 다양한 분야에서 자기 삶에 대한 만족도가 중요합니다.

– 『인간의 모든 감정』 최현석 지음, 서해문집, 2011 178쪽

일을 해야 한다. 일을 해서 돈을 벌어야 한다. 그러나 그 모든 것은 목적이 아닌 수단이어야 한다. 돈을 버는 것은 수단이지 목적이 아니다. 쓰는 것도 마찬가지다. 돈 벌기 위한 삶을 살지도 말고, 돈 쓰는 데 삶을 낭비하지도 말아야 한다. 그러나 돈을 벌어야 한다. 돈은 버는 것의 문제가 아니라 쓰는 것의 문제라고 하지만, 우선은 벌어야 쓸 수도 있다. 자신의 삶에 필요한 적정 수준의 돈을 벌지 못하는 삶은 행복할 수 없다. 원하는 만큼 벌지 못해서 행복할 수 없고, 원하는 곳에 쓰지 못해서 행복할 수 없다. 자신의 삶을 살지 못해서 행복할 수 없고, 그래서 꿈꾸는 미래의 행복인 오늘이 만족스럽지 않아서 행복할 수 없다.

04
슬럼프, 고독

　모두가 바쁘게 살아가는 세상이다. 뭐 하느라 바쁘냐고 물으면 딱히 대답하기가 궁색해지지만, 그래도 바쁘다는 현실이 달라지는 것은 아니다. 일 속에 파묻혀 살고, 그래서 일이 없으면 불안해한다. 뭐라도 하지 않으면 불편하다. 가만히 조용한 시간을 갖는 것을 어려워한다. 어쩌면 그런 시간을 두려워하는 것인지도 모른다. 모두가 바빠 보이는 세상이, 모두를 그렇게 만들고 있는지도 모른다.

　누구나 슬럼프에 빠진다. 왜 그런지 알 수 없지만, 어느 순간 갑자기 무기력해지는 때가 있다. 매사 의욕이 넘치고 에너지가 충만하여 열심히 일하다가도 어느 순간 모든 것이 의미 없게 느껴지고 힘이 빠질 때가 있다. 그러면 그런 자신을 바라보며 불안해한다. 그러나 직장인들은 일이 있어서 슬럼프를 흘려보낼 수 있다. 슬럼프는 누구에게나 찾아오지만, 일이 있는 사람은 일 때문에 어쩔 수 없어서라도 거기에 매몰될 수 없다. 그러다 보면 어느새 슬럼프는 지나간다. 하는 일이 없으면 잡다한 생각이 나고, 일 없음에 불안해한다. 어딘가에 집착하게 되고, 자신도 모르는 사이에 더 깊은 슬럼프로 빠지기도 한다. 그래서 정기적으로 할 일이 있다는 것이 축복이다. 그 일이 무엇인가는 그다음 문제다. 돈을 많이 버는 일이든, 봉사 활동이든, 정기적으로 누군가와 어떤 일을 할 수 있음은 축복이다.

아무 일 없이 세상을 살 수 있는 사람은 없다. 슬럼프에 빠져도 해야 할 무언가가 있어서 위로받는다. 아무리 힘들어도 해야 할 무언가가 있어서 삶을 의미 있게 한다. 슬럼프라고 하는, 흘러오고 흘러가는 파도가 있어서 삶이 기계처럼 되지 않는다. 슬럼프를 툭툭 털고 나서는 순간 새로운 일상이 다시 시작된다.

무극인 태극이 있다. 태극이 움직여서 양을 낳고, 움직임이 극한에 이르면 고요해지는데, 고요해져서 음을 낳는다. 고요함이 극한에 이르면 다시 움직인다.

— 『성학십도』 43쪽

누구나 혼자 있으면 자신이 된다. 동적이기보다는 정적이 되고, 떠들썩하기보다는 차분해진다. 아무리 흥분되는 상황이라도 외부의 자극이 없어지면 흥분은 차차 가라앉는다. 잠시 동안 흥분이 모든 것을 주도하지만, 곧 본모습으로 돌아간다. 논리적으로 따져보기도 하고, 자기 합리화를 하기도 한다. 관련된 사람들을 생각하기도 하고, 전혀 관계없는 누군가를 떠올리기도 한다. 자신을 돌아보기도 하고, 스스로의 입장에서 상대를 생각해보기도 한다. 조금은 우울한 기억이 떠오르기도 하고, 삶에 대한 질문이 솟구치기도 한다. 잘했던 일보다 잘못한 일들이 생각나고, 좋았던 기억보다 슬펐던 기억이 먼저 다가와서 속삭인다. 최근 우울했던 일이나 잘못한 기억부터 점점 더 먼 과거로, 더 까마득한 고독으로 나아간다. 그러다 어느 순간 좋았던 기억, 행복했던 기억, 감사했던 기억, 보고 싶은 사람이 생각나고, 모든 것이 정리되어간다. 끝없이 고독으로 나아갈 것 같던 생각이 의지로 바뀌고 에너지로 바뀌고, 새로운 시작이 된다. 이전까지는 없었던 새로운 힘으로 미래로 나아간다. 우리 모두는 함께 살아가는 동시에 혼자 산다. 함께하는 즐거움에 행복해하는 동시에, 혼자만의 고독에 쓸쓸해한다. 이 모든 것이 하나가 되어 원래의 자신으로 돌아가게 한다. 이 모든 것이 모이고 갈무리되어 삶을 만들어간다. 자신을 찾아간다.

아는 자는 말하지 않고, 말하는 자는 알지 못한다. 그 구멍 감각기관을 막고, 그 지식의 문을 닫으며, 그 날카로움을 꺾고, 그 엉킴을 풀어주며, 그 빛을 조화시키고, 그 먼지에 동화되니, 이를 현동 玄同이라고 한다. 그러므로 그에게 가까이할 수도 없고 멀어질 수도 없으며, 이롭게 할 수도 없고 해롭게 할 수도 없으며, 귀하게 여길 수도 없고 천하게 여길 수도 없다. 그러므로 천하에서 귀하게 된다.

- 『노자』, 56장 261쪽

다양한 이유로 예고 없이 찾아오는 슬럼프를 자연스럽게 받아들여야 한다. 제아무리 큰 변화도, 어떤 어려움도 순간의 파도일 뿐이다. 파도가 지나가고 나면 다시 평온해진다. 어느 날 찾아오는 무기력함은 특별한 것이 아니다. 흘러오고 흘러가는 과정일 뿐이다. 그것을 심각하게 느낄 때 슬럼프가 될 뿐이다. 걱정할 필요도, 피하려고 할 필요도 없다. 억지로 벗어나려 하면 머리만 복잡하고 에너지만 소비된다. 그냥 자연스러운 것이라고 생각하고 잠시 쉬어 가면 된다. 혼자 조용히 정적인 시간을 갖는 기회가 되었다고 생각하면 된다. 슬럼프가 있어서 강해지고 발전한다.

예술가는 고독하다고들 한다. 예술가만 고독한 것이 아니다. 우리 모두가 고독하다. 고독이 예술가들이 가진 창조의 에너지라고 한다. 우리의 고독도 우리를 창조적으로 만든다. 회사에서 바쁘게 일하다가도, 하는 일이 잘되어서 희열에 휩싸였다가도, 문득문득 고독이 다가온다. 예술가들은 그런 고독과 고민을 통해서 창조적인 예술품을 만든다. 대중적인 인기를 얻는 작품을 만들기도 하고, 아무도 알아주지 않는 자신만의 작품을 만들기도 한다. 예술가만 그런 것이 아니다. 우리 모두가 고독의 힘 위에서 스스로를 살아간다. 매일 직장에 출근하고 반복되는 것 같은 하루하루를 살아가는 우리도 고독의 힘 위에서 매 순간 창조하며 산다. 그 고독에 지지 않기 위해서 열심히 생각하고, 고민하고, 일하고, 무엇인가를 만들어내고, 삶을 영위한다. 대중이 알아보지 못하지만, 우리 모두는 보이지 않는, 그러나 우리에게는 소중한 창조를 하며 산다. 모두가 예술가처럼 인생을 고민하고, 삶을 성찰하고, 세상과 맞닥뜨리고, 불의에 흥분하고, 때로는 술과 싸우기도 한다. 우리의 고독은 예술가의 그것처럼 행복한 세상을 위한 소중한 소금이다. 예술가가 아니어서 고독하지 않은 게 아니며, 예술가가 아니어서 고독을 표현하지 않는 것도 아니다. 고독이 살아가는 방법이 다를 뿐이다. 우리 모두의 고독은 스스로를 지혜롭게 하고, 세상을 이롭게 한다. 우리 모두의 고독은 모든 이에게 무언의 말로 표현된다. 우리 모두의 고독은 충실한 삶으로 소리친다.

슬럼프: 스태미나라든가 활동 등의 소침鎖沈 또는 부진 상태란 의미로서 스포츠의 연습 과정에서 어느 기간 동안 연습 효과가 올라가지 않고, 스포츠에 대한 의욕을 상실하여 성적이 저하된 시기를 말한다.

네이버,《체육학대사전》에서 발췌

05

일 이외의
일상 만들기

직장인의 생활에서는 출근 시간 외에 규칙적인 것을 찾기 어렵다. 퇴근 시간이 일정하지 않아서 퇴근 후를 계획하기 힘들다. 일 이외의 일상이 없어서 어쩌다 일찍 퇴근해도 할 것이 없다. 그래서 술을 마시거나 쉽게 할 수 있는 일회성 오락으로 시간을 보내고 만다. 그렇게 보내는 시간은 쉬어도 쉰 것 같지 않고 그냥 사라질 뿐이다. 인간을 인간답게 해주고, 인간을 동물들과 다른 존재로 만들어주는 중요한 요인 중 하나인 기억도 남지 않는다. 그래서 스스로의 삶에 일 외에는 아무것도 없다는 자발적인 스트레스를 만들기도 한다.

매일 일정한 시간에 퇴근하지 못하면 최소한 일주일에 한 번만이라도 정해진 시간에 퇴근해보자. 그리고 퇴근 후에는 정기적으로 무언가를 해보자. 술을 마시더라도 시간 때우기가 아닌 의도한 활동이 되도록 해보자. 매번 같은 친구들과 매주 같은 요일에 술을 마셔도 된다. 아니면 매주 돌아가며 초등학교 동창, 중학교 동창, 아내, 대학교 친구 등 파트너를 바꾸어도 관계없다. 중요한 것은 일정 기간 지속하는 것이다. 운동을 하든 그림을 배우든 서점을 정기적으로 가든 미술관이나 연주회를 가든, 뭐든 좋다. 이런 것들을 돌아가며 반복해도 좋다. 무엇이든 관계없지만 반드시 일정 기간 동안은 반복적으로 해야 한다. 그래서 일상생활 속에 일어나는 자연스러운 활동이 되는 지점까지 가야한다. 반복되는 일상이 만들어지면 이야기가 생기고, 이야기가 생기면 삶에 활력이 생기고, 스치며 지나가는 행복이 쌓인다.

초등학교 방학 때를 생각해보라. 방학 숙제로 생활계획표 짜기가 있었을 것이다. 공부, 자유 시간, 놀기, 학원, 운동, 식사 등등 일어나서부터 잠들 때까지 하루 일과를 빽빽하게 채운다. 아이들마다 채우는 내용은 제각기 다양하겠지만, 공통적인 것은 일과표가 있다는 것이다. 그 안에는 시간의 길이에 관계없이 반복되는 일상생활이 있다. 직장인들은 매일 출근해서 어떤 형태든 일을 한다. 따라서 퇴근 후에 복잡하고 많은 시간을 필요로 하는 활동은 할 수 없다. 그러니 하루 30분만이어도 좋다. 퇴근 후에 무엇이든 반복적으로 하는 일상을 만들어라. 그것에서 의미를 찾으려 노력하지 않아도 된다. 우선은 반복적인 일상을 만드는 것이 중요하다. 책 읽기를 한다면 한글 읽는 연습 수준이어도 좋다. 우선 반복해보라. 시간이 지나 30분의 책 읽기가 쌓이면 어느 날 변화하고 있는 스스로를 느끼게 될 것이다. 본인 스스로가 변하고, 주변이 변하고, 동료들과의 대화가 변할 것이다. 그래서 일하는 것도 변하고, 삶이 변할 것이다.

직장인에게 일이 중요하다는 데에는 의문의 여지가 없다. 그러나 수동적이 되기 쉬운 직장인에게 스스로의 의지와 계획으로 만들어가는 또 다른 일상이 있다는 것은 자신감, 긍정적 사고, 책임감, 의지 등등에 효과를 발휘하는 보약이 되어줄 것이다. 우리 모두는 일 이외에도 반복되는 일상을 가져야 한다. 어떤 활동이어도 좋다. 다만, 어떤 것이든 반복적으로 해야 한다. 그래서 일상이 되도록 하는 것이다.

대한민국의 직장인들은 가난했던 시대를 극복해온 지난 수십 년 동안 모두가 열심히 일했다. 어디에서 무엇을 하든, 온 힘을 다했다. 산업 현장의 일꾼도 그랬고, 국가의 공복들도 그랬다. 대한민국의 모두가 그랬다. 그것이 가치였고, 모두가 자신의 자리에서 그 가치에 충실했다. 그런 환경에서 우리 사회는 다양성을 중시하기보다는 주어진 일만 열심히 하며 살도록 떠밀었는지도 모른다. 모두가 무언가에 매진하는 세상에서 그렇게 하지 않으면 오히려 외롭고 힘든 시간이 될 수밖에 없는 시대를 살아왔는지도 모른다. 지금도 우리 모두 그렇게 열심히 일한다. 수출을 많이 해서 국가 경제에 도움을 주는 회사의 직원만이 아니다. 모든 일에 빠지지 않고 등장하는 정부 중앙부처의 사람만이 아니다. 길거리를 청소하는 환경미화원도, 농부도, 어부도, 학원 선생님도 모두가 바쁘게 일하며 살아간다. 느리게 사는 삶이 화두가 되기도 했지만, 그럼에도 대개는 열심히 일한다. 불과 삼사십 년 전만 해도 먹고 입을 것이 없어서 힘들었던 시대가 있었고, 그 시대를 살아온 사람들은 아직도 왕성한 활동을 한다. 지금 아무리 많은 돈을 벌고, 아무리 좋은 차를 타고 있더라도, 열심히 일하면서 나아가지 않으면 과거로 돌아갈 수도 있다는 두려움이 은연중에 있는지도 모른다. 그래서 불확실한 미래 때문에 더 열심히 일할 수밖에 없는지도 모른다. 그러나 우리가 살고 있는 대한민국은 모두가 그렇게 열심히 일한 덕분에, 일 이외에 삶을 살아도 될 정도의 여유는 쌓았다. 그 여유를 제대로 활용해야 더 조화롭고 더 창조적이며, 좀 더 행복한 곳으로 발전해나갈 수 있다. 그러나 오늘도 열심히 일하는 직장인들은 직장이라는 울타리 안에서 주어진 일에 둘러싸여 산다. 출근 외에는 규칙적인 일을 하기 어려운 삶을 산다.

오늘도 열심히 일하고 있는 당신, 일해야 할 시간에 열심히 일해야 한다. 그러나 퇴근 후의 시간도 잘 꾸려야 한다. 퇴근 후의 일상을 만든다고 해서 먹을 것이 없어지는 것도 아니고, 입을 옷이 없어지지도 않는다. 어쩌면 우리가 가치 있는 것이라고 우기는 허영들 중에서 하나만 지우면 될지도 모른다. 자신을 돌아볼 겨를도 없이 열심히 일만 한 대가로 무엇을 얻는가? 지난 반세기 동안 열심히 일한 대한민국은 가족을 부양하고, 국가를 발전시킨다는 자부심과 열정으로 행복했을 것이다. 그 과정에서 앞만 보고 달렸지만, 지금은 지금의 사회에 부합하는 삶의 형태가 있다. 이전 세대는 열심히 일만 하고 살았을지라도, 그런 삶을 지탱해줄 수 있는 어려운 시절의 기억도 함께 가지고 있었다. 부족한 것 많고 힘든 생활 속에서도 서로 배려하고 위해주던 가족과 공동체가 있었고, 그래서 일만 하며 지내온 시간도 행복이 될 수 있었다. 그러나 지금은 그렇지 않다. 핵가족화되고, 개인화되고, 마치 경쟁 밖에 없는 것 같은 시대, 일 이외의 일상이 없는 삶은 힘들고 외롭다. 그래서 불행하다. 불행해지지 않으려면 일 외에 스스로 소중한 가치를 부여할 수 있는 것들을 의식적으로 만들고 가꾸어가야 한다. 일상 속에서 자신과 함께하는 무언가를 만들어야 한다. 이전 세대가 일만 했기 때문에 가족과 친구와 함께하는 삶을 유지할 수 있었다면, 지금은 일 이외의 일상을 만들어서 다시 가족, 친구와 함께하는 삶을 찾아야 하는 시대가 되었다.

일 이외의 일상을 만드는 것은 경쟁에서 뒤지는 것이 아니다. 일과 별개로 누군가와 함께하는 삶을 만들어나가는 것은 일을 더 소중한 것으로 만들어주며, 스스로가 행복한 삶을 만들어가게 해준다. 일만 하는 당신이 느끼고 변화하는지 여부에 관계없이, 세상은 오늘도 조금씩 바뀌어가고 있다. 한 사람이 바뀌고, 두 사람이 바뀌고, 그렇게 조금씩 변해가는 세상에서 어느 날 스스로가 바뀌는 순간, 새로운 세상이 와 있을 것이다.

06

우리의 삶이
인문학이고 철학이다

　바쁘다는 말의 사전적 의미는 "일이 많거나 또는 서둘러서 해야 할 일로 인하여 딴 겨를이 없다"이다. 일하느라 바쁘기도 하고, 게임하느라, 텔레비전 보느라, 친구들과 노느라, 바쁜 이유들은 많다. 24시간 항상 바쁜 것도 아니고 한가할 때도 있을 텐데, 모두들 바쁘다고 한다. 어떤 것을 하며 바쁘게 살고, 얼마나 많은 시간을 바쁘게 살고, 무엇을 위하여 바쁘게 살지는 각자의 선택이다. 그러나 어떤 사람도 잠자는 시간을 제외한 나머지 시간을 계속 바쁘게만 살 수는 없다. 육체가 허락하지 않고, 정신이 허락하지 않는다. 각자 자기가 선택한 만큼 바쁘게 산다. 얼마나 많은 돈을 벌 것인가도 자신의 결정이며, 어떤 차를 탈지, 얼마나 비싼 집에 살지도 자신의 결정이다. 바쁘게 일하고, 돈을 벌고,

돈을 쓰고, 세상을 살아가는 것 모두 자신의 선택이다.

우리는 살아가면서 존재의 의미가 무엇인지 생각한다. 살아가는 의미는 무엇일까 생각한다. 10대 사춘기 때는 그 나이에 맞추어 친구, 공부, 우정 등을 주로 고민하겠지만, 학원과 학교와 집을 오가는 생활을 하면서 왜 그런 생활을 하고 있을까에 대해서도 한 번쯤은 생각할 것이다. 최고의 대학에 진학한 사람은 거기까지 힘들게 온 의미를 찾기 어려워서 존재를 고민했을 수도 있고, 희망하던 대학에 가지 못한 사람은 또 그래서 존재에 대한 고민을 했을 수도 있다. 대학 진학을 하지 않고 취업한 사람들도 그 나름대로 삶의 의미를 고민했을 것이다. 어떤 고민을 하고 생각을 했든, 스스로 살아가는 의미를 생각하는 것이며, 자신의 삶을 만들어가는 것이다.

존재의 의미를 생각하다 보면 누가 가르쳐주지 않아도 허무함을 느낀다. 그러고 나면 '그래서 어쩌지? 그래서 무엇이지?' 하는 질문으로 연결되고, 어차피 공(空)한데 차라리 다른 이를 위한 삶을 사는 것이 좋지 않을까 하는 생각에 이르기도 한다. 허무감을 느끼는 것 같지만, 사실은 삶의 의지로 이어지는 것이다. 우선은 가족을 생각하고, 친구를 생각하고, 사회를 생각하고, 더 나아가서는 인류, 자연을 생각하는 단계까지 발전하기도 한다. 하고 싶은 일들 중에 어떤 것을 선택하게 되고, 삶의 가치는 점점 그 방향으로 커져간다. 현실에서 맞이하는 어려움, 고민도 그렇게 스스로 선택한 것이다. 그래서 현실을 이겨나가는 힘 또한 스스로에게서 나온다. 그 힘은 일상의 모든 것을 평화롭게 바라볼 수 있는 여유를 준다. 마음의 여유가 있으면 집착이 줄어들고, 바쁜 일상도 느리게 살 수 있게 된다. 어쩌면 이런 생각의 고리를 잘 정리하면, 불교에서 말하는 공空을 발견하고 깨달음의 경지에 이른 것과 별반 다르지 않을 수 있다. 소크라테스가 말한 이성적인 삶이고, 노자가 말한 무위의 삶이고, 공자가 말한 군자의 모습과 별반 다르지 않을 수 있다. 그런 삶은 느려 보이지만 오히려 빠르고, 답답하고 무신경한 것 같지만 지혜로운 선택과 결정을 할 수 있는 혜안을 가져다준다. 화가 났거나 기분 나빴던 일들도, 새로운 일 때문에 잠시 잊어버렸다가 다시 보면 아무 일도 없었던 것처럼 지나가고 마음은 평정을 찾는다. 마치 화낼 일도 아니었는데 감정이 혼자 화를 내고 있었던 것처럼 흘러간다. 삶에 부여한 중요한 가치가 침해되거나 상처받지 않는 이상, 일상에서 일어나는 대부분의 감정 변화들은 그렇게 지나가며, 삶에 영향을 주어서도 안 된다. 그럼에도 우리는 매 순간 자극하고, 자극받고, 흥분하고, 흥분시키며 산다.

위대한 철학자들이 평생을 고민하며 발견한 것도 이와 다르지 않다. 삶과 죽음에 대해서 누구도 의미를 증명하지 못하고, 그래서 회의에 빠지기도 한다. 하지만 존재의 의미, 삶의 의미에 대한 긴 고민을 거친 철학자들의 결론은 하나다. 일상이 소중하며, 현재의 모든 것이 소중하고, 그래서 선한 의지로 살아야 한다는 것이다. 어렵고 많은 시간을 투자한 공부와 성찰의 결론이 보통 사람의 것과 다르지 않다. 사람이면 누구나 그렇기 때문이며, 단지 왜 그런지 학문적으로 설명하는 것이 복잡할 따름이다.

철학, 인문학 이야기를 하면 고루하고 어려울 것 같다는 막연한 생각을 한다. 그러나 그렇지 않다. 우리가 살아가는 이야기이고, 내가 살아가는 이야기일 뿐이다. 내 친구가 살아가는 이야기이며, 우리의 부모님이 살아오셨고 살아가시는 이야기이고 내 형제자매의 이야기이다. 무슨 거창한 이야기가 아니고 바로 우리의 이야기, 내 이야기인 것이다. 수학 문제처럼 정답이 있는 게 아니고, 우리들의 살아가는 이야기가 모두 인문학이고 철학이다. 노자의 무위자연도 답이고, 공자의 인의예지도 답이다. 우리 모두의 삶이 무위자연이며, 인의예지이며, 공이다.

우리 모두의 마음속에는 각자의 철학이 있다. 살아가는 가치^{지혜}를 가지고 있다. 중학교 시절 우정이 최고라고 생각하며 친구들과 서약서를 쓰고, 평생 간직하자고 외쳤던 순수한 우정이 철학이다. 어린 시절 '부모님을 위해 평생을 살 거야' '엄마를 위해 살 거야' 하고 맹세했던 꼬마의 생각이 인문학이고 철학이다. 주변에 병으로 고통받는 사람들을 보며 의사나 간호사가 되어 아픈 환자들을 고쳐주고 싶다는 생각을 하는 것이 철학이다. 결혼한 후에 '아이들을 위해서 살아야지' 하고 생각하는 것이 철학이고 인문학이다. 이런 모든 것들이 인문학이고 철학이다. 멀리 있는 것이 아니고, 우리가 살아가는 이야기, 내가 살아가는 이야기가 철학이고 인문학이다.

대인이란 애기와 같은 마음을 잃지 않는 사람이다.

— 『맹자 사람의 길』 「이루」 하 464쪽

우리는 돈이나 명예 같은 외형적인 성공보다는 순수한 가치, 주변에 대한 배려심을 먼저 가졌었다. 돈을 많이 벌겠다던 아이들의 꿈은 불쌍한 사람을 돕기 위한 것이었고, 엄마에게 맛있는 음식을 사주기 위해서였다. 군인이나 경찰이 되겠다던 아이들의 꿈은 나쁜 것들로부터 사회를 지키기 위해서였다. 지금은 비록 자신을 위해 돈과 명예와 같은 허영에 끌려다니지만, 어릴 적 순수한 가치의 꿈이 아예 사라진 것은 아니다. 잊어버리고 사는 것도 아니며, 아침마다 여전히 마음 한켠에서 꿈틀대고 있다. 어릴 적 꿈은 잠시 밀려났지만, 어머니 아버지 대신 자라나는 아이들의 꿈을 지켜주는 것이 더 높은 가치로 다가온 것일 뿐이다. 부를 쌓고 명예를 쌓아가는 것이 자신을 위한 욕망이지만, 그것을 버릴 수 없는 이유는 자신만을 위해서 살아가는 것이 아니기 때문이기도 하다. 가족을 부양해야 하고, 자신의 가치를 구현해야 하는 선한 의지가 함께하기 때문이다. 그렇게 사는 것이 철학이고 인문학이다.

지금 스트레스를 받고 있거나 불행하다고 느낀다면, 아니 불행까지는 아니더라도 행복하지 않다고 생각된다면 마음을 조용히 가라앉히고 생각해보라. 어떤 이유로 스트레스받고, 왜 행복하지 않다고 느끼는가? 어릴 적 꿈꾸던 것들을 이루지 못하는 한, 어딘가 허전하고 채워지지 않는 것이 마음이다. 어릴 적 꿈은 순수하고, 마음도 순수하다. 나이가 들어서 물질적·외형적 욕망이 생겼지만, 그렇다고 선한 본성이 없어진 것은 아니다. 잠시 한쪽으로 밀려나서 느끼지 못하는 것 같지만, 채워지지 않으면 바로 느끼는 것이 그 마음이다. 오늘 하루를 어떻게 살아가든, 그 마음이 항상 같이하며, 그래서 수많은 살아가는 이야기가 생기고, 인문학이 되고 철학이 되는 것이다.

기차역
전재욱

즐거울 때

즐거움을 모르네

행복할 때

행복을 모르며

사랑할 때

사랑을 모르고

그저

스쳐간

기차역을 바라볼 뿐

　매 순간 즐거움이, 행복이, 사랑이 스쳐 지나가고 있는데, 그 순간에는 그것을 알지 못한다. 그렇게 사는 것이 인간이다. 잡고 있고, 가지고 있음에도 지나가버리고 난 후에 잡고 있었음을, 가지고 있었음을 되돌아 생각한다. 시인의 표현처럼 "기차역을 바라볼 뿐"이다. 그러나 기차역을 바라볼 뿐이라고 해서 스쳐 지나간 즐거움, 행복, 사랑이 없어지는 것이 아니다. 그것은 온전히 그대로 남아 있고, 기차역이라는 주머니 속에 그 즐거움, 행복, 사랑이 간직되어 있다. 현재는 매 순간 찰나로 지나가고, 우리는 과거라는 시간 속에 존재하는 즐거움, 행복, 사랑을 기차역을 바라보는 행위를 통해서 만끽한다. 그것이 인간이 살아가는 방식이다. 매 순간 지나가고 있는 즐거움, 행복, 사랑은 너무나 많아서 전부 담아둘 수 없다. 그렇지만 기차역을 바라보면 그 모든 아름다웠던 즐거움, 행복, 사랑이 온전히 남아서 영원히 함께한다. 지금 이 순간 그것이 내 주머니에 들어오지 않았다고 실망할 필요는 없다. 내 주머니에 들어오지 않아서 좋고, 그래서 언제든지 기차역을 바라보면 거기에 온전히 남아 있어서 좋다. 즐거움, 사랑, 행복은 그 자리에 남아서 훗날을 아름답게 한다. 산책 삼아 들르던 서점에 있고, 복잡한 도시의 상징인 지하철에도 있다. 초등학교 시절 학예회에 있고, 엄마 아빠와 같이 갔던 놀이공원에 있다. 가족들과의 짧은 여행에 있고, 세상 부러울 것 없던 젊은 날의 우정에 있다. 뭐든지 주고 싶어 하시던 할머니의 주름에 있고, 잔소리하시던 어머니의 무서운 얼굴에 있다. 지나온 시간 어디에도 바라보기만 하면 사랑과 행복이 남아 있다.

지금 나에게 행복하냐고 묻는다면 뭐라고 대답할까? 어쩌면 답이 정해져 있는 어리석은 질문일지도 모른다. 뭐라고 대답해야 할지 몰라 "아마 행복한 것 같다"라고 대답할지도 모른다. 이 대답은 자신이 행복한지 아닌지 모른다는 의미가 될 수도 있다. 그렇지만 사실은 행복할 텐데, 현재 그 행복을 경험하고 있는 자신은 그것이 행복인지 모르고 지나간다는 의미이기도 하다. 지금 이 글을 쓰고 있는 나에게 행복하냐고 물으면 뭐라 대답할까? 나는 나이가 들어서 글쓰기를 꿈꿔왔다. 그래서 글을 쓰고 있는 지금이 행복한 순간이어야 한다. 그러나 글을 쓰면서 행복하다고 느끼는 것은 아니다. 글을 쓰려면 생각해야 하고, 집중해야 하고, 자연스러운 문장이 되도록 해야 하고, 주제에 맞는 표현인지 고민해야 하고, 어딘가에서 보았던 글을 인용하는 경우에는 책장에 꽂혀 있는 책을 꺼내서 다시 읽고 확인해야 한다. 오랜 시간 책상에 앉아 있는 것은 육체적으로도 힘든 일이다. 이런 모든 것을 포함하는 글쓰기를 하고 있는 나에게, 지금 행복하냐고 물으면 내 대답은 무엇이어야 하는가? 분명 행복한 일을 하고 있는데도 그 순간에 행복하다고 느끼지 못하는 현상을 어떻게 설명해야 할까? 그래서 행복한 것 같다고 대답해야 할 것 같다. 시간이 지나고 나면 써놓은 글을 읽으며 글을 쓰던 그 시간이 행복했다고 느낄 것이다.

회사에서 일하는 것도 마찬가지이다. 다양한 직업 현장에서 일하는 직장인들에게 지금 행복하냐고 물으면 행복하다고 대답할 사람이 몇 명이나 될까? 모두가 이런저런 스트레스로 힘들다고 하지 않을까? 모두가 선망하는 직장에서 일하는 사람도 마찬가지일 것이다. 그러나 어떤 직장에서 어떤 일을 하든, 일하고 있는 자신은 그렇게 입사하고 싶어 했던 바로 자신이다. 학교를 졸업하고 빨리 취직해서 일하고 싶어

했던 자신이다. 여행도 마찬가지다. 여행을 하며 밀리는 차 안에서, 또는 공항에서 출국을 위해 늘어선 긴 줄을 앞에 두고는 그것을 행복이라고 느끼지 않는다. 뜨거운 태양 아래서 투명한 바다를 바라볼 때조차도, 지금 행복하냐고 물으면 그렇다고 대답하는 사람이 얼마나 될까? 그 순간에도 어쩌면 '햇살이 왜 이렇게 따갑지' 하고 불평하거나 두고 온 것에 마음이 가 있을지도 모른다. 그러나 그 모든 순간이 사실은 행복인 것이다. 여행을 설레는 마음으로 준비하던 순간이 행복했을 것이고, 덥고 짜증나는 이동 과정도 행복한 순간이었을 것이며, 여행 후에 돌아본 여행이 또 행복한 순간이 되어 있을 것이다. 다만 무언가를 하고 있는 그 순간에는 행복하다고 느끼기가 어렵다. 그것을 하기까지의 수고로움과 고민과 걱정 등등이 항상 함께하기 때문이며, 행복은 미래의 저기 어디쯤에 있는 것으로 생각하기 때문이다.

지금 직장에서 힘든 일을 하고 있다면, 아마 행복한 순간을 보내고 있는 것이다. 당장 행복하다고 느껴지지 않겠지만, 그것이 행복이다. 행복한 순간은 없다. 그러나 모든 순간이 행복이다. 자신을 사랑하고 자신의 일을 하고 있다면, 그것은 행복한 것이다. 행복이 스쳐 지나며 쌓이고 있는 것이다.

일의 품격
디지털시대 직장인을 위한 인문학

ⓒ이동양 2018

1판 2쇄 발행 2024년 4월 5일

지은이   이동양
펴낸이   전길원
편집   이진규
디자인   박마리아

펴낸곳   리얼부커스
출판신고   2015년 7월 20일 제2015-000128호
주소   04593 서울시 중구 동호로 10길 30, 106동 505호(신당동 약수하이츠)
전화   070-4794-0843
팩스   02-2179-9435
이메일   realbookers21@gmail.com
블로그   http://realbookers.tistory.com
페이스북   www.facebook.com/realbookers

ISBN   979-11-86749-04-3 03190

이 도서의 국립중앙도서관 출판예정도서목록(CIP)은 서지정보유통지원시스템 홈페이지 (http://seoji.nl.go.kr)와 국가자료공동목록시스템(http://www.nl.go.kr/kolisnet)에서 이용하실 수 있습니다. (CIP제어번호 : CIP2018029067)